존댓말 사용 설명서

글 채화영 | 그림 서정임

작가의 말

　존댓말은 사람이나 사물을 높여서 이르는 말로, 주로 아랫사람이 윗사람에게 사용하는 말이에요. 어릴 때부터 우리는 어른을 공경해야 한다고 배웠어요. 어른은 오랜 세월 동안 수많은 경험을 통해 지혜를 쌓은 분들이기 때문에 친구들이 배워야 할 점도, 본받아야 할 점도 아주 많아요. 그래서 우리는 어른을 공경하고 존경하는 마음을 담아 대접해야 하지요. 그러기 위해 가장 기본이 되는 것이 존댓말이에요.

　존댓말 안에는 공경하는 마음이 담겨 있어, 하는 사람도 듣는 사람도 행복해져요. 하지만 많은 친구가 존댓말보다 예사말에 더 익숙해져, 친구에게 말하듯 부모님이나 웃어른에게 말하곤 하지요. 또, 어색하고 쑥스럽다는 이유로 존댓말을 사용하지 않아요.

　그렇다면 친구들은 존댓말에 대해서 얼마나 잘 알고 있나요? 혹시 말끝에 '-요'만 붙이면 모두 존댓말이 된다고 알고 있지는 않나요? 이런 오해 때문에 지금부터라도 존댓말을 익히고 배워, 상황과 대상에 맞게 존댓말을 사용해야 해요. 제대로 된 존댓말을 사용하지 못하면 듣는 사람은 불쾌하고, 하는 사람

　은 난처해질 수도 있으니까요.
　　지금 여기, 존댓말을 잘 몰라 난처한 상황에 놓인 네 명의 친구들이 있어요. 우리가 만나게 될 준이, 형식, 민주, 솔지는 여러분처럼 존댓말을 제대로 사용할 줄 몰라 고민에 빠져 있어요. 이 고민을 해결하기 위해 존댓말 수사대와 함께 잘못된 존댓말을 바로 잡고, 몰랐던 존댓말을 배워 보도록 해요.
　　자, 이제 친구들을 만날 준비가 되었나요? 저기 존댓말로 끙끙 앓고 있는 준이가 보이네요. 어떤 존댓말이 준이를 힘들게 하고 있을까요? 모두 마음 단단히 먹고 준비하세요. 지금부터 존댓말의 세계로 들어갈 테니까요!

　　　　　　　　　　　　　　　　　　　존댓말 수사대 채화영

차례

1장 어떻게 부를까?

1. 아버님, 안녕히 다녀오세요! …10
2. 선생님 남편은 무슨 일을 해요? …12
3. 형식이 엄마, 잘 먹을게요 …14
4. 저기요! 연필 주세요 …16
5. 저희 아빠는 김석민이에요 …18
6. 우리 할아버지도 자기 물건을 아끼는데 …20

2장 높임말로 바꾸라고?

1. 할머니도 밥 맛있게 드세요! …26
2. 아빠, 잘 자요! …28
3. 선생님 집은 어디예요? …30
4. 할머니, 병은 다 나은 거예요? …32
5. 엄마, 생일 축하해요! …34
6. 할아버지, 피자 드셔 보세요 …36
7. 우리 할머니 나이는 60세이십니다 …38

3장 남을 높이려면 나를 낮추라고?

1. 고객님, 주문하신 햄버거 나왔습니다 …44
2. 내가 발표해 볼게요 …46
3. 제 꿈은 과학자입니다 …48
4. 선생님이 너 교무실로 오라고 하셨어 …50
5. 엄마! 우리 놀다 올게요 …52
6. 저희 나라에는 훌륭한 문화재가 많습니다 …54

4장 인사말도 높인다고?

1. 할아버지, 고마워요 …60
2. 아저씨도 수고하세요! …62
3. 엄마, 미안해요 …64
4. 선생님! 내일 봐요 …66
5. 선생님도 오랜만이에요 …68
6. 할아버지, 그럼 끊을게요! …70

5장 상대를 높이라고?

1. 선생님 온다!···76
2. 아빠가 책을 읽으시고 있습니다···78
3. 할머니 허리가 많이 굽었어요···80
4. 내가 아시는 분이야···82
5. 엄마, 물 마시세요···84

6장 존댓말에도 격식이 있다고?

1. 엄마! 학교 다녀올게요···90
2. 제가 발표할게요···92
3. 알겠어요, 선생님!···94
4. 간식, 잘 먹을게요···96
5. 실례합니다···98
6. 어서 오십시오!···100

7장 누구를 높여야 할까?

1. 엄마, 선생님이 내일 회의에 꼭 참석하래요···106
2. 할아버지, 엄마께서 식사하래요···108
3. 언니, 아빠가 아이스크림 못 사 온대···110
4. 선생님, 민주가 숙제를 못 해 오셨대요···112
5. 우리 엄마가 경비실에 맡기라는데요···114

8장 사람만 높이라고?

1. 필통이 아주 낡으셨네요···120
2. 손님, 가방이 예쁘시네요···122
3. 아저씨들은 안 무서우실까?···124
4. 세종대왕님을 가장 존경합니다···126
5. 교장선생님실은 2층에 있어요···128

• 정답 _132

1장

어떻게 부를까?

아버님, 안녕히 다녀오세요!

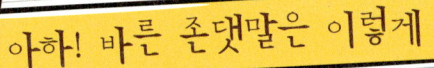
아하! 바른 존댓말은 이렇게

존댓말을 배운 준이가 부모님에게 자랑을 하고 싶었나 봐요. 하지만 아빠는 준이의 "아버님, 안녕히 다녀오세요!"라는 인사에 칭찬은커녕 재미있다고 웃기만 하네요. 대체 무엇이 잘못되었을까요? 준이의 인사말이 잘못된 이유는 '아버님'이라는 호칭 때문이에요. 우리는 흔히 '아버님'과 '아버지'의 차이를 잘 모르고 사용하지만, 그 안에 담긴 의미는 완전히 다르답니다.

아버지(아빠)/어머니(엄마)	살아 계신 부모님을 지칭할 때
아버님/어머님	돌아가신 부모님을 지칭하거나 편지를 쓸 때
	다른 사람의 부모님을 지칭할 때

하지만 할아버님, 할머님은 할아버지와 할머니의 높임말이라는 걸 알아 두세요.

존댓말을 잡아라!

다음 중 알맞은 말에 ○표 하세요.

❶ 우리 (아버지 아버님) 께서는 7시에 출근하세요.

❷ 엄마, 수현이 (할아버지 할아버님) 께서 돌아가셨대요.

❸ (할머니 할머님) 모시고 산책 다녀올게요.

❹ (어머니 어머님) 께서는 안녕하시니?

정답 ❶ 아버지, ❷ 할아버지, ❸ 할머니, ❹ 어머님

선생님 남편은 무슨 일을 해요?

 2교시 수업 시간이 시작되었어요.
 "이번 시간에는 장래 희망에 대해 적어 보도록 해요."
 선생님의 말에 아이들은 저마다 골똘히 생각에 빠졌어요. 준이도 마찬가지였지요. 담임 선생님처럼 교사가 되고 싶었다가, 소방관이 되고 싶기도 했으니까요.
 "선생님! 언제부터 선생님이 되고 싶으셨어요?"
 그때 앞에 앉은 형식이가 물었어요.
 "선생님은 중학교 때부터 교사의 꿈을 키웠단다."
 인자한 웃음을 지으며 선생님이 말했어요.
 "그럼 선생님 남편은 무슨 일을 해요?"
 궁금증을 참지 못한 준이가 뒤따라 질문했어요.
 그러자 선생님이 놀란 표정으로 준이를 바라보았어요.
 "우리 준이가 높임말에 대해 더 공부해야겠구나. '선생님 남편'이 아니라 '사부님'이라고 불러야 한단다."
 선생님이 웃으며 말했어요.
 '사부님? 왜 남편이라고 하면 안 되는 거지?'
 준이는 고개를 갸웃거렸어요.

아하! 바른 존댓말은 이렇게

준이가 큰 실수를 했군요. 옛날부터 선생님은 예의를 갖추어 대해야 하는 존재로 여겨져 왔어요. 그래서 선생님과 함께 선생님의 아내나 남편 역시 높여야 하지요. 준이가 '선생님 남편'이라고 칭한 것은 예의에 어긋난 말이에요. 선생님이나 직장 상사처럼 윗사람의 배우자를 높여야 할 경우에는 부인은 '사모님'으로, 남편은 '사부님'으로 쓴답니다.

'사부님'은 스승을 높여 부르는 '사부'와 같은 소리를 가졌지만, 그 속에 담긴 뜻은 윗사람의 남편을 높여 부르는 말로 전혀 다르답니다. 사모님, 사부님이란 호칭이 조금 어색하다고요? 그래도 꼭 사용해야 할 상황이 온다면 잊지 말고 불러 보세요. 예의 바른 학생이라고 칭찬받을 거예요.

다음 중 맞는 말에 ○표, 틀린 말에 ×표 하세요.

❶ 준이야! 너희 선생님 남편분은 어디 가셨니?

❷ 오늘 선생님의 사부님을 만났어요.

❸ 선생님, 사모님은 미인이세요?

❹ 선생님 부인이시래.

정답 ❶ × ❷ ○ ❸ ○ ❹ ×

3 형식이 엄마, 잘 먹을게요

아하! 바른 존댓말은 이렇게

인사성이 밝은 준이도 존댓말은 많이 어렵나 봐요. 친구의 엄마를 부를 때는 '○○ 어머니(어머님)', '아주머니'로 불러야 해요. 준이처럼 친근하게 '형식이 엄마'라는 표현도 맞지만, 예의를 갖추고 상대방을 높여 '어머님'이라고 부르는 것이 좋아요. 특히, 다른 사람의 부모님을 부를 때는 '아버님', '어머님'이라고 불러야 한답니다.

친구의 아버지	친구에게 말할 때
아저씨, 아버님, 어르신	아버님, 어르신
친구의 어머니	친구에게 말할 때
아주머니(아줌마), 어머님	어머님, 어르신

존댓말을 잡아라!

친구의 부모님을 부르는 말을 연결해 보세요.

친구의 아빠   친구의 엄마

어머님 어르신 아저씨 ○○엄마 아주머니 아버님

정답: 친구의 아빠: 아저씨, 아버님, 어르신 / 친구의 엄마: ○○엄마, 아주머니, 어머님

 # 저기요! 연필 주세요

아하! 바른 존댓말은 이렇게

가게에서 물건을 사거나 식당에서 음식을 주문할 때 친구들은 직원을 향해 어떤 호칭을 사용하나요? 혹시 준이처럼 '저기요'나 '여기요'라고 부르지는 않았나요?

'친하지 않아서 어떻게 불러야 할지 모르겠어요.', '한 번 보고 말 건데 대충 부르면 안 되나요?'라고 생각하는 친구들이 있을지 몰라요. 하지만 가게 직원은 친구들보다 나이가 많은 어른이 대부분이랍니다. 직원이 남자라면 아저씨, 오빠로, 직원이 여자라면 아주머니(아줌마), 언니라고 불러야 해요. 간혹 아가씨, 총각이라고 부르기도 하는데, 이것 역시 나이 어린 사람이 사용하는 호칭이 아니에요. 그리고 가게에 들어갔는데 주인이 없을 때는 '여보세요', '실례합니다' 하고 주인을 찾으면 된답니다.

가게에서 직원을 부르는 말로 바른 것을 찾아 ○표 하세요.

| 이봐요! | 언니! | 아저씨! | 여보세요! |
| 오빠! | 여기요! | 아주머니! | 총각! |

정답: 언니, 아저씨, 오빠, 아주머니

5 저희 아빠는 김석민이에요

　오늘은 고모의 결혼식이 있는 날이에요. 준이는 부모님과 함께 고모의 결혼을 축하하기 위해 예식장을 찾았어요.
　"우와, 우리 고모 되게 예쁘다!"
　예식장에 들어선 준이가 소리를 질렀어요. 하얀 웨딩드레스를 입은 고모는 천사처럼 아름다웠어요.
　식장 안은 많은 사람으로 북적거렸어요. 준이가 처음 보는 친척들도 꽤 많았지요.
　"준이야, 인사드리렴."
　엄마의 말에 준이는 나이가 지긋한 아저씨에게 인사드렸어요.
　"안녕하세요."
　"그래, 잘 생겼구나."
　아저씨는 인자하게 웃으시며 준이의 머리를 쓰다듬었어요.
　"네 아버지 이름이 뭐지?"
　"저희 아빠는 김석민이에요."
　준이가 또박또박 대답했어요.
　"석민이 아들이로구나. 그런데 준이야, 부모님 이름을 말할 때는 이름 뒤에 '자'를 붙여야 예의에 어긋나지 않는단다."

아하! 바른 존댓말은 이렇게

준이가 처음 보는 친척 아저씨에게 아빠를 소개했어요. 그런데 친구를 부르듯 부모님의 이름을 말하고 말았네요. 이는 매우 예의 없는 행동이에요. 아저씨의 말대로 이름 뒤에 '자'를 붙여야 하는데, 준이는 그걸 까맣게 몰랐나 봐요.

아마 지금 뜨끔한 친구들이 몇몇 있을 거예요. '이름 뒤에 자를 붙이라니, 그게 무슨 뜻이지?' 하고 말이에요. 부모님을 남에게 소개할 때는 높이는 의미로 이름 뒤에 '자(字)'를 붙여 말해야 해요. 하지만 성에는 '자(字)'를 붙이지 않는답니다. 번거롭게 생각되더라도 부모님을 소개할 때는 꼭 이름 뒤에 '자(字)'를 붙이도록 해요.

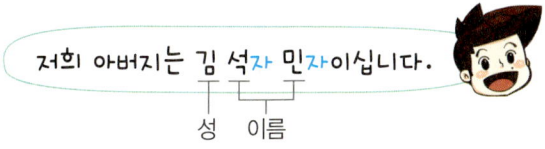

존댓말을 잡아라!

엄마 아빠를 다른 사람에게 소개해 보세요.

❶ 저희 아버지는 [   ]를 쓰십니다.

❷ 저희 어머니 함자는 [   ]이십니다.

❸ [   ] 부장님의 딸입니다.

> 부모님의 직장 동료에게 자신을 밝힐 때 사용해요.

# 우리 할아버지도 자기 물건을 아끼는데…

아하! 바른 존댓말은 이렇게

친구들은 '당신'이라는 말을 사용한 적이 있나요? 아마도 준이는 '당신'이란 말을 처음 들어본 모양이에요. '당신'이 쓰이는 경우는 크게 세 가지로 볼 수 있어요. 첫째, 부부 사이에서 상대편을 높여 부를 때. 둘째, 싸우면서 상대편을 낮잡아 부를 때. 셋째, 제삼자를 아주 높여 극존칭으로 부를 때도 당신이라는 호칭을 사용해요.

준이는 자신의 할아버지를 지칭했기 때문에 세 번째에 해당해요. 할아버지는 높여야 할 대상이기 때문에 '자기'라는 말 대신 자기를 높여 이르는 '당신'을 쓰고, '아끼다'의 높임말 '아끼시다'를 사용해서 말해야 해요.

할아버지는 당신 물건을 매우 아끼신다.

존댓말을 잡아라!

문장을 읽고 **자기**와 **당신**을 넣어 보세요.

❶ 내 동생은 모든 장난감을 ☐ 것이라고 한다.

❷ 어머니는 모든 일을 ☐ 고집대로 끌고 나가신다.

❸ 할머니께서는 ☐ 이 직접 옷을 만들어 입으신다.

❹ 소정이는 ☐ 만 잘났다고 한다.

정답 ❶ 자기 ❷ 당신 ❸ 당신 ❹ 자기

숨겨진 호칭을 찾아라!

 보기에서 주어진 호칭을 찾아 가로와 세로 동그라미로 묶으세요.

> **보기**
> 사부님 사모님 아저씨 아주머니 어르신
> 당신   아버지 어머님 할아버님 할머니

아	저	주	할	머	니
주	사	인	아	저	씨
머	탕	부	버	기	어
니	어	머	님	요	르
여	보	아	버	지	신
사	모	님	씨	당	신

어떻게 불러야 할까?

✏️ 조건을 보고 알맞은 호칭을 찾아 연결하세요.

친구 아버지	아버지
가게 주인	사부님
어머니께 편지 쓸 때	아주머니
선생님의 남편	아저씨
살아계신 아버지	어머님
돌아가신 아버지	어르신
선생님의 아내	사모님
	아버님
	아줌마

우리말에는 단어 자체가 높임말로 되어 있는 것들이 많아요. '이름'의 높임말이 '성함'인 것처럼 말이에요.

2장
높임말로 바꾸라고?

1 할머니도 밥 맛있게 드세요!

 아하! 바른 존댓말은 이렇게

민주가 '진지'라는 말을 처음 들었나 봐요. 아마 민주처럼 머리를 갸웃거리는 친구들이 있겠지요? 할머니에게 "밥 맛있게 드세요."란 인사가 왜 틀린 것인지 민주는 이해하지 못했어요. 분명 '먹다'의 높임 표현인 '들다'에 '-시-'를 붙여 '드시다'라고 말했는데 말이에요.

여기에서 문제가 되는 것은 '밥'이란 말 때문이에요. '진지'는 밥의 높임말로, 자신을 낮추고 상대를 높이는 데 쓰인답니다. 우리말에는 이렇게 단어 자체가 높임말로 되어 있는 것들이 많아요. 이름의 높임말이 '성함'인 것처럼 말이에요.

할머니도 진지 맛있게 드세요(잡수세요).

존댓말을 잡아라!

문장에 어울리는 낱말을 찾아 ○표 하세요.

❶ 민정아, (밥   진지) 맛있게 먹어.

❷ 너희 엄마 (이름   성함)은 무엇이니?

❸ 아빠, 진지 맛있게 (먹어요   잡수세요).

❹ 할머니께서 (아프시다   편찮으시다).

❺ 선생님, (집   댁)이 어디세요?

정답 ❶ 밥 ❷ 성함 ❸ 잡수세요 ❹ 편찮으시다 ❺ 댁

2 아빠, 잘 자요!

7월 20일 금요일 날씨: 앗, 뜨거워!

우리 가족은 오늘 강원도 계곡으로 여행을 왔다. 두 시간이 조금 넘게 걸렸지만, 창밖으로 산과 강도 구경하고, 휴게소에 들러 맛있는 핫도그도 사 먹으며 재미있게 올 수 있었다. 하지만 동생은 차에 오래 있는 게 답답했는지 계속 칭얼대 엄마가 힘들어 하셨다.

우리 가족이 지낼 펜션은 산으로 둘러싸여 있고, 옆으로 계곡물이 흘러 물장구도 칠 수 있었다. 짐을 풀자마자 나와 동생은 계곡에 발을 담그고 첨벙첨벙 물장구를 쳤다.

저녁은 마당에서 고기를 구워 먹었다. 주인아저씨가 직접 키우셨다며 싱싱한 상추와 오이, 토마토를 가져다주셨다.

밥을 맛있게 먹고 나니 졸음이 몰려왔다. 동생은 벌써 자고 있었다.

아빠는 나한테 왜 '주무세요'라고 하셨을까? 너무 졸려서 일기는 여기까지만 써야겠다.

나는 눈을 비비면서 엄마 아빠에게 "잘 자요." 하고 인사했다. 그랬더니 아빠가 "민주도 안녕히 주무세요."라고 하셨다.

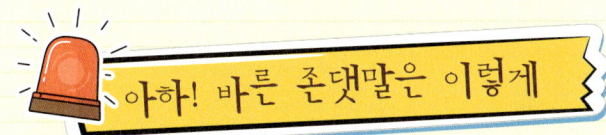

　　민주가 가족 여행을 다녀왔군요. 피곤했을 텐데 잊지 않고 엄마 아빠에게 잘 자라는 인사를 했네요. 그런데 뭔가 좀 이상하지요? 아빠가 민주에게 "안녕히 주무세요." 하고 인사를 했으니 말이에요.
　　'잘 자요.'라는 인사는 높임말이 아니에요. '자요'는 자다라는 동사에서 나온 예사말이기 때문에 어른에게는 사용하지 않아요. 이때는 '주무시다'라는 말을 써야 해요. 그리고 '잘 주무세요.'도 맞는 말이지만, 거의 쓰이지 않는 말로 어른에게 저녁 인사를 할 때는 '안녕히 주무세요.'라고 인사해야 한답니다.
　　웃어른이 외출하실 때는 '안녕히 다녀오십시오.', 맞을 때는 '안녕히 다녀오셨습니까?' 하고 인사하고, 내가 외출할 때는 '다녀오겠습니다.' 하고 큰 소리로 인사하세요.

높임의 뜻을 가진 '-시-'를 넣어 문장을 완성하세요.

❶ 엄마가 책을 읽는다. ⋯ 엄마가 책을 ◯◯◯◯◯.

❷ 할머니, 지금 와요? ⋯ 할머니, 지금 ◯◯◯◯◯?

❸ 선생님, 피곤해 보여요. ⋯ 선생님, 피곤해 ◯◯◯◯◯.

정답 ❶ 읽으시다 ❷ 오세요 ❸ 보이세요

선생님 집은 어디예요?

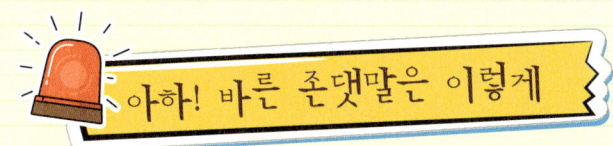

아하! 바른 존댓말은 이렇게

민주가 선생님의 대답에 당황했나 봐요. '집'은 없고 '댁'은 있다니까요. 선생님의 말이 조금은 우스꽝스럽지만 사실 맞는 말이기도 해요. 민주가 친구에게 말하듯 '집이 어디예요?'라고 물었기 때문에 선생님이 그에 알맞은 '댁'이라는 표현을 알려준 거예요.

'댁'은 남의 집이나 가정을 높여 부르는 말로 '댁'이라는 단어 안에는 공손한 의미가 담겨 있어요. 따라서 어른에게 집을 물을 때나, 어른의 집을 말할 때는 '댁'으로 바꿔 말해야 한답니다.

집 – 댁	나이 – 연세	묻다 – 여쭙다
밥 – 진지	사람 – 분	말 – 말씀
병 – 병환	먹다 – 잡수시다	있다 – 계시다
이름 – 성함	하다 – 하시다	에게 – 께

다음 낱말 중에서 높임말을 찾아 접시에 써 보세요.

정답: 병환, 분, 모시다, 드리다, 생신

4 할머니, 병은 다 나은 거예요?

"민주야, 얼른 준비해야지!"
민주는 오늘 엄마와 함께 병원에 가기로 했어요. 할머니가 병원에 입원하셨거든요.
"할머니, 이제 괜찮으신 거죠?"
걱정스러운 표정으로 민주가 물었어요.
"다행히 수술은 잘되셨어. 할머니가 우리 민주를 엄청 보고 싶어 하시던걸."
"엄마, 우리 저기서 맛있는 거 사 가지고 가요!"
민주는 할머니가 좋아하시는 과일을 사 가기로 했어요. 할머니가 좋아하실 생각을 하니 민주의 마음도 따뜻해졌지요.
"할머니! 민주 왔어요."
"아이고, 우리 강아지 왔구나!"
할머니는 반갑게 민주를 맞아주었어요.
"할머니, 병은 이제 다 나은 거예요?"
"민주야, 병환은 어떠시냐고 물어야지."
"병환이요? 병이랑 다른 말이에요?"
엄마의 말에 민주가 눈을 동그랗게 뜨고 물었어요.

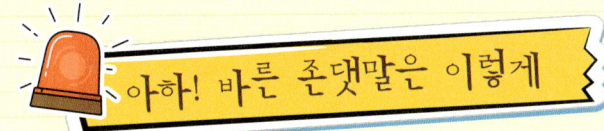 아하! 바른 존댓말은 이렇게

할머니를 생각하는 민주의 마음이 참 예쁘지 않나요? 그런데 존댓말을 사용하지 않아 엄마에게 그만 꾸중을 듣고 말았네요.

민주는 할머니의 건강이 걱정되어 "병은 이제 다 나은 거예요?" 하고 물어보았어요. 하지만 '병'이란 단어는 높임말이 아니에요. 어른께는 '병환' 또는 '환후'라고 높여서 말해야 한답니다.

선생님, 환후는 좀 어떠신지요?
너희 할아버님 병환은 괜찮으시니?

 무엇이 다를까?

'아프시다'와 '편찮으시다'

'아프다'에 -시-를 붙인 '아프시다'는 높임 표현이에요. '편찮으시다'도 아프다의 높임 표현이고요. 그런데 둘은 미세한 차이가 있어요. '아프시다'는 몸의 일부가 아플 때 사용하고, '편찮으시다'는 몸 전체가 아플 때 사용해요.

예 어머니, 다리가 아프세요? / 어머니, 몸이 편찮으세요?

문제 다음 중 잘못된 높임말을 찾아 바르게 고쳐 쓰세요.

오빠, 아빠가 넘어지셔서 다리가 편찮으시대.

_____ / _____ _____

정답 아빠가 → 아버지께서, 편찮으시대 → 아프시대

5 엄마, 생일 축하해요!

민주 엄마는 오늘 주방에 갔다가 깜짝 놀랐어요. 식탁 위에 직접 포장한 작은 선물과 하얀 봉투에 담긴 카드 한 장이 놓여 있었거든요. 그것은 민주가 가져다 놓은 것이었어요. 엄마의 생일을 잊지 않고 준비한 민주의 깜짝 이벤트였지요. 하지만 글을 읽던 엄마의 표정이 금세 어두워졌어요.

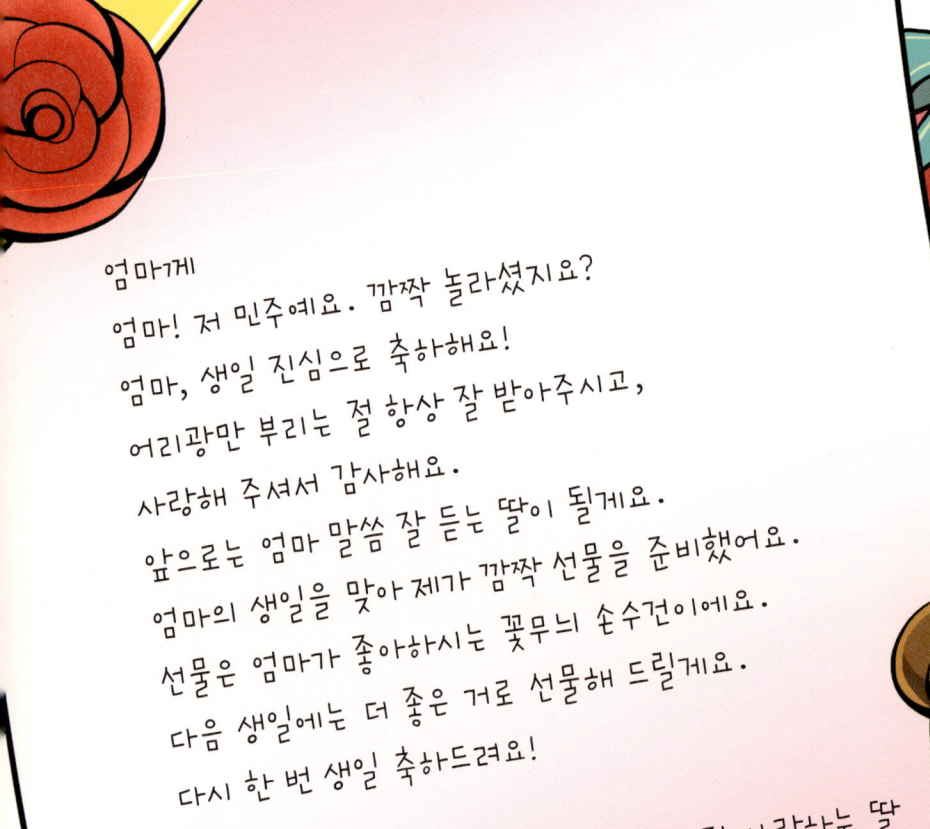

엄마께

엄마! 저 민주예요. 깜짝 놀라셨지요?
엄마, 생일 진심으로 축하해요!
어리광만 부리는 절 항상 잘 받아주시고,
사랑해 주셔서 감사해요.
앞으로는 엄마 말씀 잘 듣는 딸이 될게요.
엄마의 생일을 맞아 제가 깜짝 선물을 준비했어요.
선물은 엄마가 좋아하시는 꽃무늬 손수건이에요.
다음 생일에는 더 좋은 거로 선물해 드릴게요.
다시 한 번 생일 축하드려요!

세상에서 엄마를 가장 사랑하는 딸
민주 드림

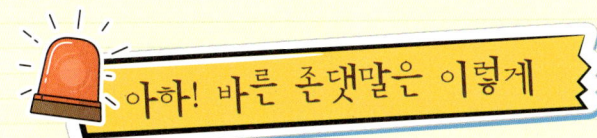

아하! 바른 존댓말은 이렇게

민주 엄마의 표정이 왜 이렇게 어두워졌을까요? 민주가 준비한 깜짝 선물이 마음에 들지 않았기 때문일까요? 세상에 태어난 날을 '생일'이라고 해요. 태어난 해를 기념하고 축하하는 날이지요. 민주는 엄마의 생일을 축하하기 위해 축하 카드를 썼어요. 하지만 아주 큰 실수를 하고 말았어요. '생일'의 높임말인 '생신'을 쓰지 않았기 때문이에요. 생일은 나와 나이가 같거나 어린 사람에게 쓰는 말이랍니다.

엄마, 생신을 진심으로 축하합니다(드립니다)!

아빠 생신날이 얼마 남지 않았어요.

오늘은 할아버지 생신이시다.

 무엇이 다를까?

우리말에는 나이에 따라 부르는 말이 달라요.

연령	이름	연령	이름
20세	약관(弱冠)	70세	칠순(七旬), 고희(古稀)
40세	불혹(不惑)	80세	팔순(八旬)
50세	지천명(知天命)	90세	구순(九旬)
61세	환갑(還甲), 회갑(回甲)	99세	백수(白壽)

6 할아버지, 피자 드셔 보세요

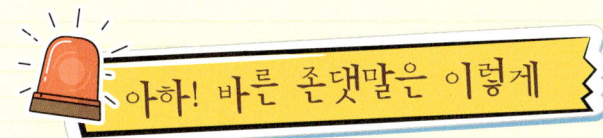 아하! 바른 존댓말은 이렇게

존댓말을 열심히 공부한 민주가 또 어떤 실수를 한 걸까요? 아무리 봐도 이번엔 틀린 곳이 없는 것 같은데 말이에요. "할아버지, 피자 드셔 보세요."라고 민주는 예의 있게 이야기했지만, 사실 이 말에는 높임의 표현이 두 개나 있어요.

높임말이 두 개 있으면 안 되냐고요? 우리말에서는 한 문장에 서술어가 두 개 있을 때는 마지막 서술어만 높이기로 약속되어 있어요. 그래서 첫 번째 서술어가 '들다'이기 때문에 이것은 그대로 적고, 마지막 서술어인 '보다'에 '-시-'를 붙여 '보시다'로 높여야 해요.

할아버지, 피자 들어 보세요.

 존댓말을 잡아라!

두 문장 중 높임 표현이 바른 문장을 찾아 ○표 하세요.

❶ 아버지, 가방 드시고 가세요. 아버지, 가방 들고 가세요.

❷ 할머니, 이리 와서 주무세요. 할머니, 이리 오셔서 주무세요.

❸ 선생님이 너를 찾았어. 선생님께서 너를 찾으셨어.

정답 ❶ 아버지, 가방 들고 가세요. ❷ 할머니, 이리 오셔서 주무세요. ❸ 선생님께서 너를 찾으셨어.

7. 우리 할머니 나이는 60세이십니다

학교 수업을 마치자마자 민주와 솔지는 분식집에 들렀어요.
"아주머니, 떡볶이랑 튀김 주세요!"
"자, 여기 있다. 맛있게들 먹으렴."
"감사합니다."
주인아주머니는 아이들의 인사에 흐뭇한 웃음을 지었어요.
민주와 솔지는 배고픔에 허겁지겁 떡볶이를 먹었어요. 민주는 유난히 떡볶이를 좋아했어요. 특히 외할머니가 해 주는 떡볶이는 세상에서 가장 맛있었지요.
"우리 외할머니도 떡볶이 진짜 맛있게 하셔."
"진짜? 먹어 보고 싶다."
솔지가 부러움 섞인 목소리로 대답했어요.
"외할머니 연세가 어떻게 되시니?"
그때 주인아주머니가 민주에게 물었어요.
"연세요?"
하지만 민주는 연세가 무슨 말인지 몰라, 아무 대답도 할 수 없었어요.

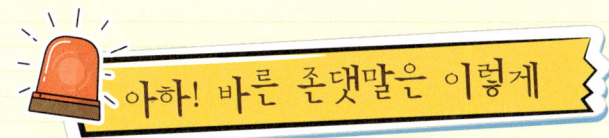

우리는 흔히 누군가의 나이가 궁금할 때 "몇 살이야?"라고 물어봅니다. 하지만 이런 말은 나이가 같거나 나보다 어린 사람에게 사용할 수 있는 말이에요. 어른에게 사용하면 큰 실례가 되는 말이지요. 어른의 나이를 물어볼 때는 '연세'라는 말을 써야 해요. 주인아주머니는 외할머니보다 나이가 어리기 때문에 '연세'라는 말을 사용한 거예요.

그렇다면, 민주가 주인아주머니의 질문에 제대로 대답하려면 어떻게 말해야 할까요? 만약, 외할머니가 60세라면 "저희 할머니는 예순 살이세요."처럼 예순을 사용해 '예순 살'이라고 말하거나, '육십 세'로 표현하면 된답니다.

일, 이, 삼(1, 2, 3)+세

열, 스물, 서른+살

바른 높임말을 찾아 ○표 하세요.

❶ 너희 할아버님 [연세] [나이] 가 어떻게 되시니?

❷ 우리 할아버지께서는 올해 일흔 [세] [살] 이 되셨어.

❸ 그렇구나. 우리 할아버지께서는 팔십 [세] [살] 가 되셨는데.

높임말 주사위 놀이

게임 방법	① 아이와 어른으로 역할을 나누어, 가위바위보로 순서를 정한다. ② 주사위를 던져 나온 수만큼 앞으로 이동하고, 역할에 적절한 말이 나오면 한 번 더 던진다. ③ 먼저 도착하는 사람이 승리한다.

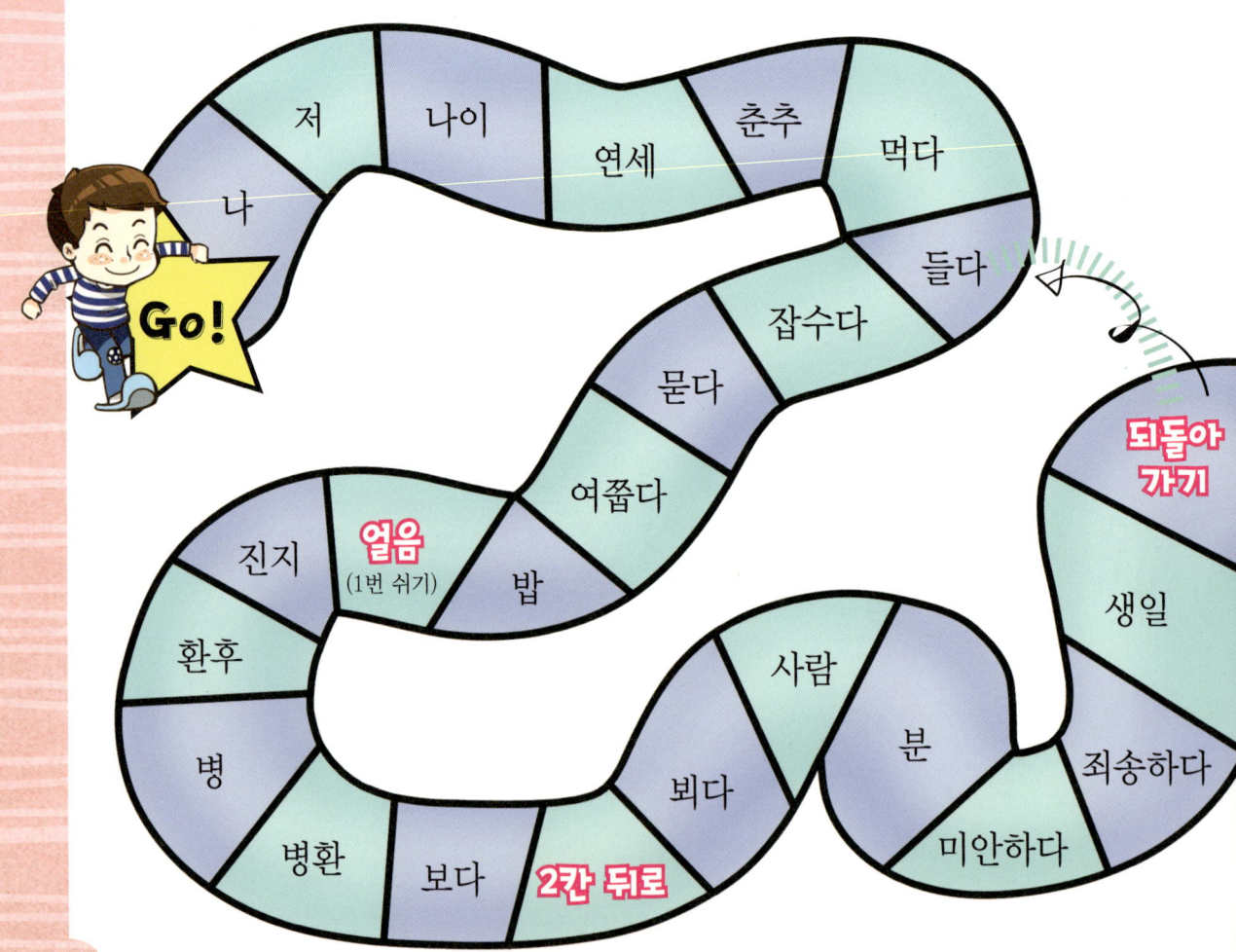

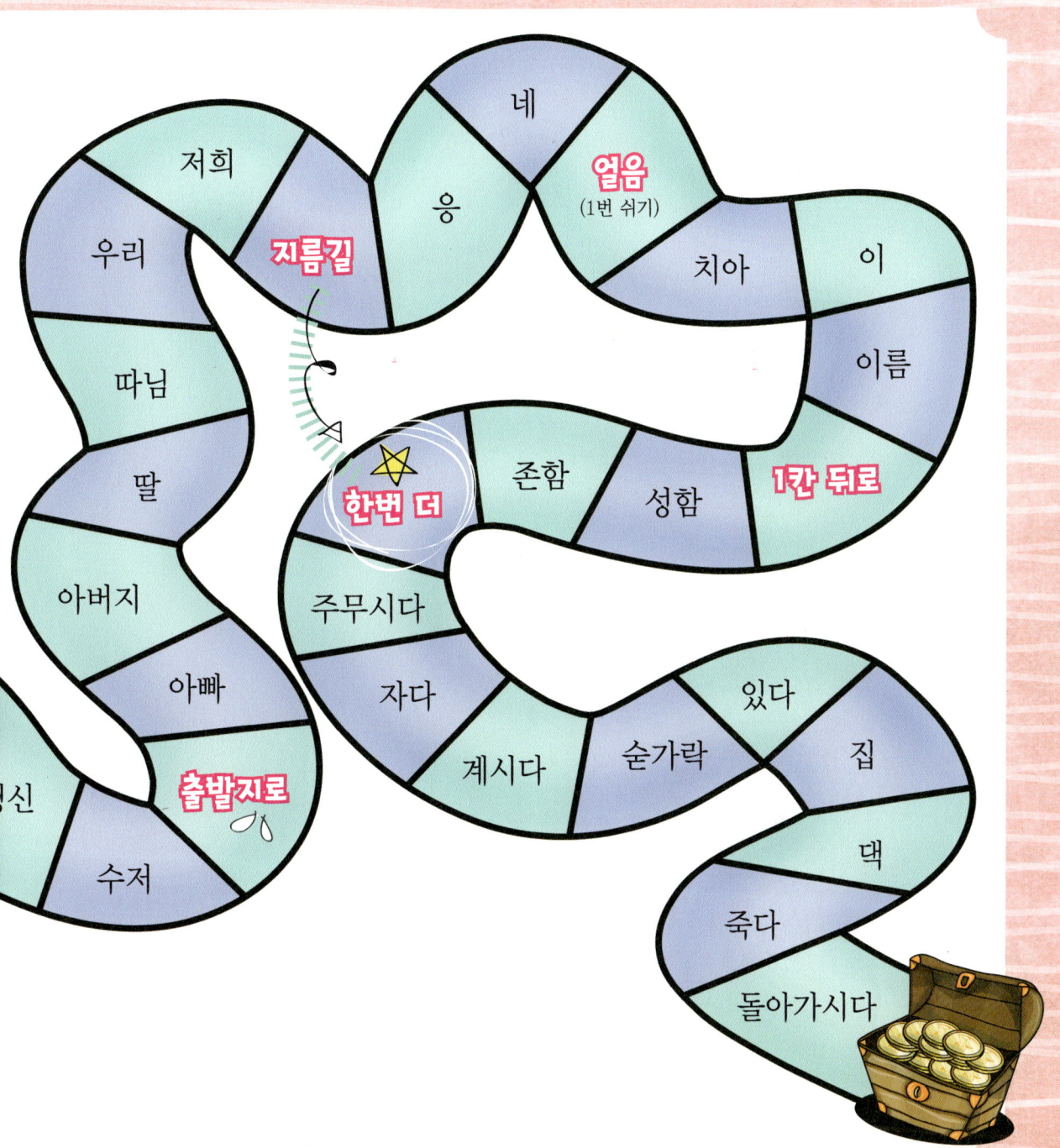

3장
남을 높이려면 나를 낮추라고?

고객님, 주문하신 햄버거 나왔습니다

아하! 바른 존댓말은 이렇게

상점이나 패스트푸드점에 가면 점원들이 '고객님'이란 말을 사용하곤 해요. 너무나 익숙한 고객님이란 말이 사실은 어법에 맞지 않는다는 걸 솔지는 모르고 있었나 봐요.

고객은 상점에 물건을 사러 오는 손님을 의미하는 말로, 요즘에는 상점을 찾는 사람들을 높여 부를 때 주로 사용해요. 그런데 간혹 손님을 높이기 위해 '고객'에 '님'을 붙여 '고객님'이라고 부르는 점원들이 있어요. 고객이란 단어에는 이미 높임의 뜻이 포함돼 있는데 말이에요. 게다가 고객은 사람을 가리키는 말이기 때문에 사람을 부르는 호칭어로 쓰기에는 부적절해요. 고객을 부를 때는 '손님' 하고 불러야 해요.

손님! 주문하신 햄버거 세트 나왔습니다.

다음 중 알맞은 말에 ○표 하세요.

❶ 민주야, 엄마랑 [고객 서비스 센터   고객님 서비스 센터] 에 들렀다 가자.

❷ [고객님!   고객!   손님!] 찾으신 책 여기 있습니다.

❸ 내일 [고객님   고객] 사무실에서 만나기로 했다.

2 내가 발표해 볼게요

　안녕하세요? 제 이름은 이솔희예요. 저는 초등학교 5학년인데, 요즘 고민이 하나 생겼어요. 그게 뭐냐고요? 바로 제 동생 솔지 때문이에요. 솔지는 3학년인데 얼마 전 새로 생긴 별명 때문에 매우 속상해 하고 있어요.

　친구들은 솔지를 '나솔지'라고 불러요. 나솔지가 된 건 동생의 말버릇 때문이에요. 툭하면 '내가, 나는'이라는 말을 쓰거든요. 친구에게 쓰는 건 괜찮지만, 어른에게도 사용해서 가끔 혼날 때가 있어요.

　어제도 선생님께 "내가 발표해 볼게요."라고 얘기했대요. "제가 발표해 볼게요." 하고 말해야지. 선생님께서 다정하게 고쳐 주셨지만, 친구들 앞에서 창피를 당한 것 같아 속상해 했어요. 다시는 실수하지 않겠다고 다짐하지만, 금방 잊어버리는 제 동생 솔지! 어떻게 설명해야 고칠 수 있을까요?

아하! 바른 존댓말은 이렇게

'나솔지'라는 별명을 얻게 된 동생이 많이 걱정되나 봐요. 친구들은 솔희에게 어떤 대답을 해 줄 수 있나요?

솔지가 자주 사용하는 '나'는 자신보다 어리거나 친구에게 사용하는 말이고, 자신보다 나이가 많은 사람에게는 '나'가 아니라 '저(제)'라고 말해야 해요. 이 말에는 자기를 낮춘다는 의미가 포함되어 있어요. 자기를 낮추는 대신 상대방을 높이게 되어 높임의 표현이 되는 거예요.

> 엄마, 저 배고파요.
>
> 제 생각에는 선호가 잘못한 것 같습니다.
>
> 야구공을 던진 사람은 제가 아닙니다.
> └ '-가' 붙으면 '제'로 바꿔 써요.

존댓말을 잡아라!

잘못된 부분을 찾아 고쳐 쓰세요.

❶ 할머니, 내가 가방 들어드릴게요.

❷ 민주야! 제가 도와줄게.

❸ 엄마, 나는 세상에서 엄마가 제일 좋아요.

정답 ❶ 내가 → 제가 ❷ 제가 → 내가 ❸ 나는 → 저는

47

제 꿈은 과학자입니다

"오늘은 과학의 날을 맞아 여러 가지 과학 행사를 진행할 거예요. 각자 흥미 있는 부분을 선택해 꼭 참여하도록 하세요."
선생님의 말에 아이들이 웅성거리기 시작했어요.
"난 물병 로켓을 만들 거야."
"나는 과학 상상 그리기 대회에 나갈 거야."
솔지는 고민 끝에 과학 글짓기 대회에 나가기로 했어요. 솔지의 꿈이 과학자였거든요. 솔지는 왜 과학자가 되고 싶은지, 과학자가 되어 어떤 연구를 하고 싶은지 적었어요.

　　제 꿈은 과학자입니다. 저는 어릴 때부터 우주여행을 꿈꾸었습니다. 넓은 우주는 아직도 많은 비밀을 가지고 있습니다. 제가 과학자가 된다면 우주를 탐험하며 많은 비밀을 풀어낼 것입니다.

"우리 솔지가 존댓말을 잘 배웠구나. 하지만 글을 쓸 땐 그러지 않아도 돼."
선생님이 웃으며 말했어요. 솔지는 무슨 뜻인지 몰라 고개만 갸웃거렸답니다.

아하! 바른 존댓말은 이렇게

솔지의 꿈이 과학자라니, 정말 멋지지 않나요? 자신의 꿈을 글로 잘 정리했네요. 하지만 한 가지 잘못한 점이 있어요. 글을 쓸 때는 높이지 않아도 된다는 거예요.

글짓기나 독후감은 편지처럼 특정한 한 사람에게만 보여 주는 글이 아니라 많은 사람이 읽는 글이에요. 이렇게 불특정 다수를 대상으로 글을 쓸 때는 나를 낮추지 않아요. 이외에도 보고서나 설명문처럼 객관적인 정보를 전달하는 글을 쓸 때도 높이지 않는 것이 좋지요. 존댓말이 오히려 객관성을 해칠 수 있기 때문이에요.

하지만 편지, 문자 메시지, 쪽지처럼 받는 사람이 정해진 경우에는 그 대상에 따라 존댓말을 사용해 글을 써야 해요.

존댓말을 잡아라!

솔지가 잘못 쓴 부분을 고쳐 써 보세요.

제 꿈은 과학자입니다. 저는 어렸을 때부터 우주여행을 꿈꾸었습니다. 넓은 우주는 아직도 많은 비밀을 가지고 있습니다. 제가 과학자가 된다면 우주를 탐험하며 많은 비밀을 풀어낼 것입니다.

정답 내 꿈은 과학자이다. 나는, 꿈꾸었다. 있다. 내가, 풀어낼 것이다.

 # 선생님이 너 교무실로 오라고 하셨어

아하! 바른 존댓말은 이렇게

솔지가 이번에도 선생님에게 혼이 났군요. 존댓말은 배워도 배워도 어렵나 봐요. 솔지는 선생님의 말을 회장에게 잘 전달했어요. 그런데 이 과정에서 선생님을 높이지 않았지요.

이때는 '에게'의 높임말인 '께'를 넣어 선생님을 높여야 해요. '에게'는 친구나 나보다 어린 사람에게 사용하고, 어른에게는 '께'를 사용해요. 다음에는 솔지도 "회장! 선생님께서 교무실로 오라고 하셨어!"라고 이야기할 수 있겠지요?

말한 사람	전달한 사람	듣는 사람	높여야 할 사람
선생님	솔지	회장	선생님

높임의 뜻이 있는 '께서'와 '-시-'를 사용하여 선생님을 높여야 해요.

에게와 께를 넣어 문장을 완성해 보세요.

❶ 아버지 ⃝ 놀다 온다고 말씀드릴게.

❷ 나는 동생 ⃝ 장난감을 주었어.

❸ 할아버지 ⃝ 연락 드려야지.

5 엄마! 우리 놀다 올게요

아하! 바른 존댓말은 이렇게

친구와 놀다 보면 '우리'라는 말을 자주 사용하게 되지요? "우린 모두 3학년이에요!", "우린 지금 학원에 가요." 처럼요.

아마도 '우리'라는 말을 친구나 어른에게 거리낌 없이 사용한 친구들이 많을 거예요. 솔지도 그런 친구 중 한 명인 것 같네요.

'우리'는 자기보다 높지 않은 사람에게 자기를 포함한 여러 사람을 가리킬 때 쓰는 말이에요. 때문에 솔지가 민주에게 "우리 숙제 다 하고 밖에서 놀래?"라고 말한 것은 틀린 표현이 아니에요. 하지만 엄마는 솔지와 민주보다 나이가 많은 어른이기 때문에, '우리'가 아닌 '저희'를 써서 자신을 낮추고 듣는 사람을 높여야 해요.

엄마, 저희 숙제 다 했어요.

엄마, 저희 놀다 올게요.

빈칸에 **우리** 또는 **저희**를 알맞게 넣어 보세요.

❶ 할머니! ☐ 둘이 청소할게요.

❷ 준이야, ☐ 같이 축구시합 할래?

❸ ☐ 선생님은 참 예쁘세요.

정답) ❶ 저희 ❷ 우리 ❸ 저희

6 저희 나라에는 훌륭한 문화재가 많습니다

솔지는 TV에서 한 배우의 인터뷰 장면을 보게 되었어요.

🎥 미국에서 영화 작업을 한 기분이 어땠나요?
👩 훌륭한 배우들과 함께할 수 있어서 매우 기뻤고, 한국과는 작업 방식이 달라서 매우 흥미로웠습니다.
🎥 영화가 개봉되면 한국에 대한 많은 관심이 생길 것입니다. 한국 문화를 소개해 줄 수 있나요?
👩 저희 나라는 훌륭한 문화재와 맛있는 음식들이 아주 많습니다. 특히, 저희 나라 국민은 정이 많기로 유명하지요.
🎥 인터뷰에 응해 주셔서 감사합니다.

"엄마, 저도 저 영화 보고 싶어요. 저희 나라의 유명한 여배우도 나온대요!"
"재밌겠구나. 그런데 저희 나라는 어디니?"
엄마가 웃으며 말했어요.
"당연히 저희 나라는 대한민국이지요?"
솔지가 의아한 표정으로 대답했어요.
"우리나라가 대한민국이지."

아하! 바른 존댓말은 이렇게

간혹 유명인들이 방송에서 '저희 나라'라고 말하는 경우를 봤을 거예요. '저희'는 자신을 낮추고 상대를 높이는 말로, 나이가 어린 사람이 어른에게 사용하는 말이에요. 하지만 나라나 민족에는 사용할 수 없어요. 자신의 나라와 민족을 남의 나라와 비교하여 낮출 수 없기 때문이에요.

한국이라는 나라가 다른 나라보다 어리거나, 가치가 낮을까요? 절대 그렇지 않아요. '저희 나라'라는 표현은 상대 나라보다 낮춰 말하는 거예요. 나라와 민족은 대등한 존재이지, 절대로 누가 높고 낮은 관계에 있지 않아요. 꼭 기억하세요!

우리나라 대한민국, 대한민국이 자랑스럽습니다!

존댓말을 잡아라!

다음 질문에 **우리나라**를 넣어 문장을 만들어 보세요.

❶ 당신 나라의 전통 의상은 무엇입니까?

❷ 대한민국은 사계절이 뚜렷합니까?

정답 ❶ 우리나라의 전통 의상은 한복입니다. ❷ 우리나라는 사계절이 뚜렷합니다.

어떻게 높일까?

✏️ 나를 낮추고 상대를 높이는 표현끼리 이어지도록 〈보기〉에서 알맞은 낱말을 찾아 쓰세요.

> 보기: 손님 저(제) 께 저희 우리나라

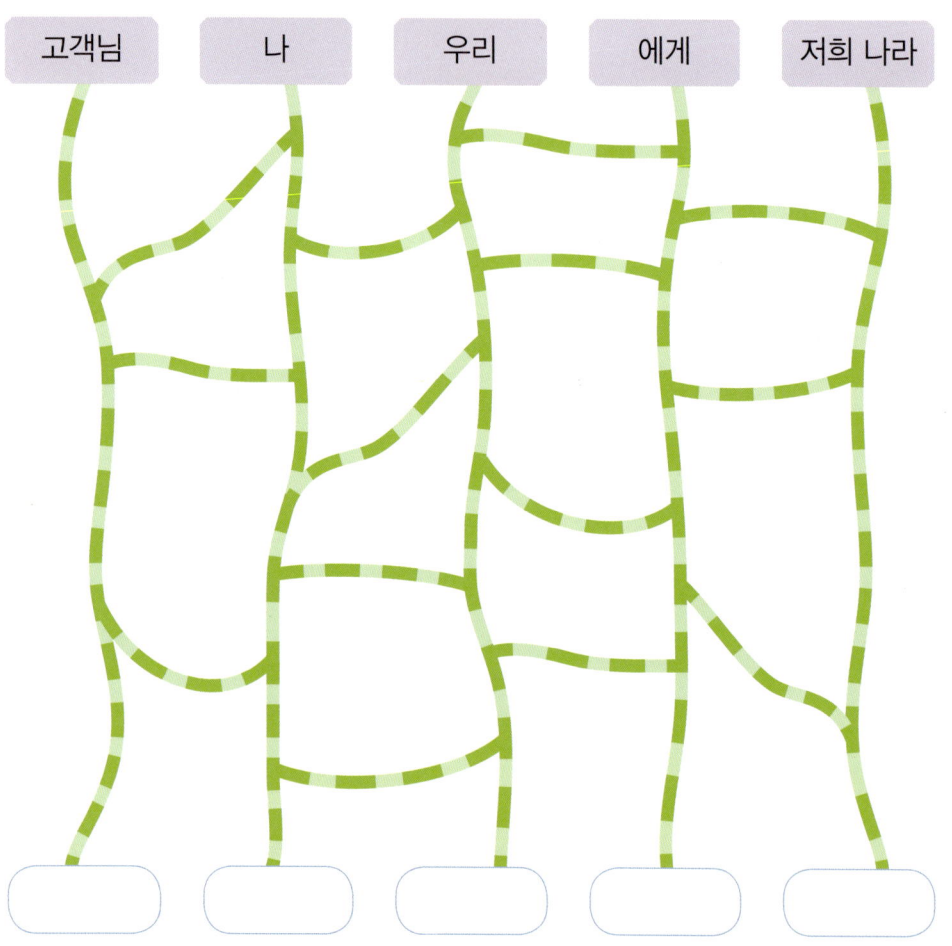

| 고객님 | 나 | 우리 | 에게 | 저희 나라 |

높임말을 어떻게 쓸까?

✏️ 알맞은 높임말을 골라 ○표 하고, 높인 사람과 방법을 찾아 쓰세요.

고객님! / 손님! 주문하신 햄버거 세트 나왔습니다!

높인 사람	
높인 방법	

어머니, 우리 / 저희 놀이터에 가요.

높인 사람	
높인 방법	

선생님이 / 선생님께서 교무실로 오라고 하셨어.

높인 사람	
높인 방법	

4장

인사말도 높인다고?

1 할아버지, 고마워요

형식이는 고민에 빠졌어요. 아무리 생각해도 뭐가 틀렸는지 알 수가 없었지요. 생각 끝에 형식이는 '국립국어원' 누리집 질문 게시판에 글을 쓰기 시작했어요.

국립국어원

● 질문자 이형식

안녕하세요? 저는 초등학교 3학년 학생입니다.

인사말에 관해 궁금한 것이 있어서 글을 남기게 되었어요. 얼마 전 저는 할아버지 생신 기념으로 친척들과 저녁을 먹었어요. 할아버지께 제가 직접 고른 선물을 드리자 엄청 좋아하셨지요. 제 마음이 고마우셨는지 용돈도 주셨어요.

저도 고마운 마음에 할아버지께 "할아버지, 고마워요." 하고 인사를 드렸어요. 그랬더니 큰아빠께서 "어른께는 '감사합니다'라고 인사해야지." 이렇게 말씀하시는 거예요.

'고마워요'는 어른께 쓰면 안 되는 말인가요? 꼭 '감사합니다'만 써야 하나요? 저는 '고마워요'를 더 자주 쓰거든요. 이게 틀린 거라면 앞으로 고치려고 해요. 꼭 답변해 주세요.

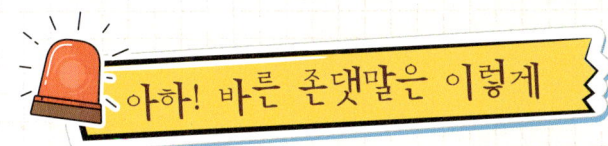
아하! 바른 존댓말은 이렇게

형식이가 정말 고민이 많았나 봐요. '고마워요'와 '감사해요'는 자주 쓰는 말이에요. 그런데 이 둘의 쓰임새가 다른 걸까요? 큰아버지 말대로 어른에게는 무조건 '감사해요'만 써야 하는 걸까요?

'고맙다'는 '남이 베풀어 준 호의나 도움에 마음이 흐뭇하고 즐겁다.'는 뜻을 가지고 있고, '감사하다'는 '고맙게 여기다', '고마운 마음을 가지고 있다'는 뜻으로 둘 다 비슷한 의미가 있어요. 흔히 '고맙다'보다 '감사하다'가 더 격식을 갖춘 말이라고 생각하지만, 꼭 그렇지는 않아요. 둘 다 쓸 수 있고, 오히려 순우리말인 '고맙습니다'를 쓰는 게 더 좋답니다.

그렇다면 버스나 택시에서 내릴 때는 무엇이라고 인사하는 것이 좋을까요? 보통 '감사합니다'라고 인사하는데, 이때는 내가 떠난다는 의미에서 '안녕히 계세요.'라고 하거나 버스나 택시가 떠난다는 의미에서 '안녕히 가세요.'라고 인사해도 된답니다.

이렇게 사용해요!

"고맙고 감사합니다."는 맞는 표현일까?
상대방에게 고마운 마음을 표현하고 싶을 때 "고맙고 감사해요."라고 쓰는 경우가 있어요. 하지만 '고맙다'와 '감사하다'는 뜻이 겹치기 때문에 대신 "정말 고맙습니다.", "참 감사합니다."라고 말해야 해요.

2 아저씨도 수고하세요!

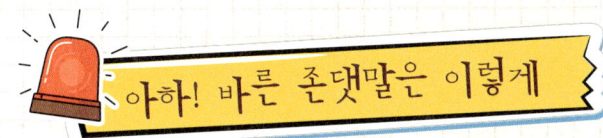

우리는 흔히 식당, 상점 등을 나올 때 주인이나 점원에게 '수고하세요.' 라는 인사를 자주 해요. 잘못된 것은 아니지만, 대신 가려 써야 해요.

'수고하다'는 '일을 하느라 힘과 애를 쓴다.'라는 뜻으로 듣는 사람의 기분을 상하게 할 수 있어서 어른에게는 사용하지 않아요. 대신 어른이 아랫사람에게 인사의 의미로 사용할 수 있지요. 또, '고생하셨습니다'도 이와 같은 의미이기 때문에 사용하지 않는 것이 좋아요.

그렇다면 형식이가 아저씨에게 할 수 있는 인사말은 무엇일까요? 이런 경우에는 "안녕히 계세요." 하고 인사하는 것이 가장 좋은 인사말이랍니다.

윗사람이 아랫사람에게	친구에게	아랫사람이 윗사람에게
일이 많군. 수고하게.	수고해라. 먼저 들어갈게.	먼저 들어가겠습니다.

다음 상황을 보고 상황에 맞는 인사말을 써 넣으세요.

❶ 모둠 숙제를 하다 먼저 나오면서 친구에게

　　▸ _____

❷ 문구점에서 물건을 사고 나오면서 주인아저씨에게

　　▸ _____

정답 ❶ 먼저 갈게. 재미있다. ❷ 안녕히 계세요.

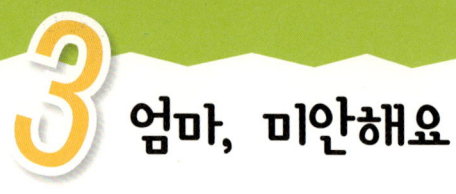

3 엄마, 미안해요

형식이와 준이는 오늘 축구 시합을 하다가 말다툼을 했어요. 서로 자존심이 상해 화해는커녕 말도 하지 않았지요.
"형식이랑 준이, 아직도 화해 안 했니?"
보다 못한 선생님이 중재에 나섰어요. 둘은 심통 난 얼굴로 말없이 앉아 있었어요.
"친한 친구끼리 싸우면 되겠어? 아까 일은 잊어버리고 얼른 화해해. 먼저 미안하다고 말하는 사람이 이기는 거야."
우물쭈물하던 준이가 먼저 입을 열었어요.
"미안해…."
"나도 미안해…."
형식이도 용기 내 사과를 했어요.
집으로 돌아온 형식이는 옷부터 갈아입었어요. 축구를 했더니 옷은 금세 더러워져 있었어요.
"형식아! 옷을 아무 데나 벗어 놓으면 어떻게 하니?"
거실에 널린 옷을 보며 엄마가 말했어요.
"엄마, 미안해요. 다시 가져다 놓을게요."
엄마가 형식이의 머리에 꽁 하고 알밤을 놓았어요.

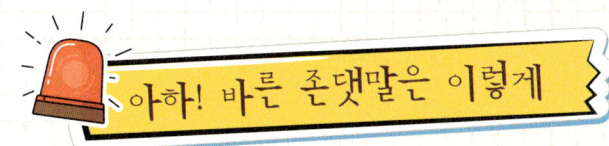 아하! 바른 존댓말은 이렇게

친구와 싸운 뒤 화해할 때, 혹은 미안한 마음이 들 때 우리는 "미안해."라고 사과해요. 엄마에게 미안했던 형식이는 그래서 "미안해요."라고 이야기했을 거예요.

'미안하다'는 남을 상대로 '마음이 편하지 않고 부끄럽다.'라는 뜻이 있고, '죄송하다'는 '죄스러울 정도로 황송하다.'는 뜻으로 죄스러운 마음이 가득할 정도로 미안하다는 뜻이에요. 그래서 누군가에게 잘못했을 때, 사과하고 싶을 때 주로 사용하지요.

그런데 왜 어른에게는 미안하다는 말 대신 죄송하다는 말을 써야 할까요? 일반적으로 '미안하다'는 나와 나이가 같거나, 더 어린 사람에게 사용하고, '죄송하다'는 나보다 나이가 많은 사람에게 좀 더 정중한 표현으로 사용한답니다.

엄마가 먼저 오빠에게 미안하다고 하자, 그제야 오빠도 엄마에게 죄송하다고 사과했다.

 이런 말도 있어요!

사극 드라마를 보면 '송구합니다'라는 말을 자주 들을 수 있어요. '송구하다'는 '두려워서 마음이 거북하다.'는 뜻으로 미안한 마음을 나타내는 말이에요. 하지만 요즘에는 잘 쓰지 않는 말이랍니다.

4 선생님! 내일 봐요

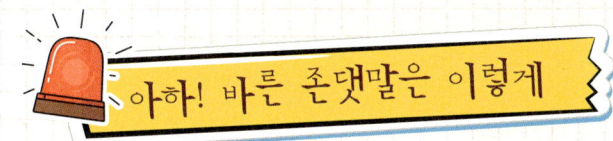

형식이가 선생님에게 말실수했네요. 친구에게 하는 것처럼 인사를 했으니 말이에요. 여러분도 친구와 헤어질 때 흔히 "내일 봐.", "다음에 또 봐."라고 인사하지요?

형식이는 '봐'에 '-요'를 붙여 "내일 봐요." 하고 선생님에게 인사했어요. 아마도 '-요'를 붙이면 존댓말이 된다고 생각했나 봐요.

하지만 이는 높임의 표현이 아니에요. 어른에게는 '봐요' 보다 '웃어른을 대하여 본다.'는 공경의 의미를 가진 '봬요'를 사용해야 해요. 만약 할아버지나 할머니에게 인사를 드리고 싶다면 공경의 의미가 큰 '뵙다'를 사용하는 게 좋아요.

'봬'는 '뵈어'의 준말이랍니다.

선생님! 내일 봬요. / 선생님! 내일 뵈어요.

할머니, 내일 뵙겠습니다. / 할아버지, 다음에 또 뵙겠습니다.

빈칸에 뵈다를 바르게 넣어 보세요.

❶ 할머니를 (뵌 뵌) 지 얼마나 되었는지 모르겠습니다.

❷ 엄마, 수련회 잘 다녀오겠습니다. 모레 (뵈 봬)요.

❸ 선생님을 (뵈 봬)러 왔습니다.

5 선생님도 오랜만이에요

오늘은 2학년 때 담임 선생님을 찾아뵙기로 한 날이에요. 3학년이 된 뒤로 선생님에게 제대로 인사를 드리지 못했거든요.
"이걸 가지고 오느라 늦었어."
형식이는 작은 바구니 하나를 들고 있었어요.
"내가 직접 접은 카네이션이야."
"네가 직접? 우와, 잘 만들었다. 나는 편지를 써 왔는데…."
준이가 가방 안에서 편지 봉투를 꺼냈어요.
둘은 씩 웃으며 복도 끝에 있는 교무실 문을 열었어요. 업무를 보던 다른 선생님에게 인사를 하고, 선생님을 찾았어요.
"선생님!"
"그래. 잘 지냈니? 오랜만이구나."
"네! 선생님도 오랜만이에요!"
형식이가 큰 소리로 대답했어요.
그러자 다른 선생님들이 까르르 웃기 시작했어요.

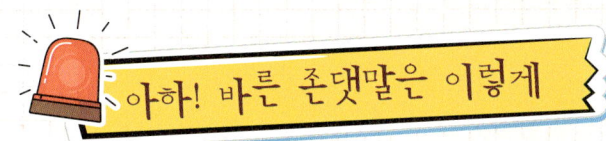 아하! 바른 존댓말은 이렇게

선생님을 생각하는 아이들의 마음이 기특하네요. 그런데 형식이가 무슨 실수를 했기에 교무실이 웃음바다가 되었을까요?

누군가와 긴 시간이 지난 뒤에 만났을 때 우리는 '오랜만'이란 말을 사용해요. 선생님이 형식이를 보고 "오랜만이구나."라고 인사한 것도 그런 의미가 있기 때문이에요. 아마 형식이도 선생님을 만난 게 반가워서 "오랜만이에요." 하고 인사했을지 몰라요.

하지만 '오랜만이에요'는 어른이 나이 어린 사람에게는 쓸 수 있지만, 나이 어린 사람이 어른에게 쓸 수는 없어요. 이때는 '오랜만'에 '보다'의 높임말인 '뵙다'를 붙여 사용하면 돼요. "선생님, 오랜만에 뵙겠습니다." 어때요? 훨씬 정중한 표현이 되었지요? 또, 오랜만에 어른을 만나서 인사를 할 때는 밝은 표정으로 반가운 마음을 표현하도록 해요.

선생님, 정말 뵙고 싶었습니다.

선생님께서도 안녕하셨어요?

 **이럴 때 사용해요!**

엘리베이터에서 어른을 만났을 때는 "안녕하세요?", "먼저 내리겠습니다.", "안녕히 가세요." 하고 인사해요.

6 할아버지, 그럼 끊을게요!

"엄마! 이번 주에 할아버지한테 가는 거죠?"

형식이는 할아버지 집에 놀러 가는 걸 좋아했어요. 할아버지도 형식이가 올 때마다 행복한 웃음을 지었어요. 지난번에는 형식이가 좋아하는 장난감까지 선물로 주셨어요. 그래서 형식이는 할아버지의 마음에 보답하고 싶었어요.

"할아버지께서 좋아하시는 게 뭘까요? 저도 할아버지를 기쁘게 해드리고 싶어요."

"형식이가 직접 할아버지께 전화 드리면 어떠니? 안부도 묻고 뭘 좋아하시는지 여쭤 보면 되지 않을까?"

형식이는 얼른 전화기 앞으로 가 꾹꾹 전화번호를 눌렀어요.

"여보세요?"

"할아버지! 안녕하셨어요? 저 형식이에요!"

"우리 손자구나!"

할아버지의 함박웃음이 들려왔어요. 형식이는 간단한 안부를 전한 뒤 할아버지가 좋아하는 게 무엇인지 물어보았어요.

"할아버지는 뭘 좋아하세요?"

"할아버진 우리 형식이를 제일 좋아하지."

"에이, 저 말고요. 다른 거 없으세요? 제가 갈 때 사갈게요."

"할애비는 우리 형식이만 보면 된단다. 올 때 조심하고."

"그럼 제가 할아버지께 편지 쓸게요!"

"편지? 허허, 그러렴."

"네! 할아버지, 그럼 끊을게요."

형식이는 기쁜 마음에 수화기를 내려놓았어요.

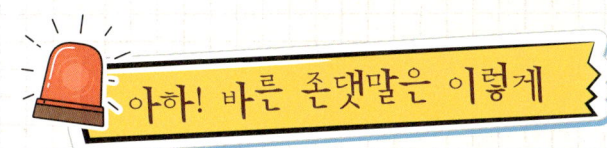

할아버지를 생각하는 형식이의 마음이 참 기특하네요. 형식이의 편지를 받고 할아버지가 얼마나 기뻐하실까요? 그런데 형식이의 전화 예절이 조금 아쉬웠어요. 전화를 끊을 때 예의 있게 말하지 못했거든요. 어른과 전화 통화를 할 때는 존댓말을 잘 사용해야 해요.

형식이는 전화를 끊을 때, "그럼 끊을게요."라고 인사했어요. 하지만 이는 잘못된 표현이에요. '끊을게요'는 인사말이 아니에요. 어른과 통화한 뒤 전화를 끊을 때는 "안녕히 계세요.", "다음에 뵐게요."라고 인사하면 돼요. 어른과 통화할 때 첫인사와 끝인사를 잊지 말고 꼭 하도록 해요.

 　　　　할머니, 안녕하세요.

 할머니, 안녕히 계세요. / 할머니, 다음에 뵐게요.

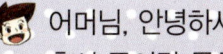

전화로 친구 부모님께 친구를 바꿔 달라고 할 때

 어머님, 안녕하세요. 저 준이 친구 형식이입니다.
　　혹시 준이랑 통화가 가능할까요?

 형식이 오랜만이구나. 잠깐, 준이 바꿔 줄게.

 네, 고맙습니다.

숨겨진 인사말을 찾아라

✏️ 퍼즐에서 어른에게 할 수 있는 올바른 인사말을 찾아 색연필로 색칠해 보세요.

수	내	일	뵙	겠	습	니	다
고	생	하	셨	습	니	다	안
하	맙	안	녕	히	끊	녀	녕
세	방	습	미	정	을	오	히
요	송	구	니	말	게	세	계
감	사	합	니	다	요	요	세
미	안	오	랜	만	이	에	요
봐	요	죄	송	합	니	다	봬

어떻게 인사할까?

✏️ 그림을 보고 보기에서 상황에 맞는 인사말을 찾아 써 보세요.

> **보기**
> 안녕히 다녀오세요 미안해요 다녀왔습니다
> 고맙습니다 안녕히 가세요 죄송합니다

고마운 마음을 표현할 때

잘못한 일을 사과할 때

어른이 외출할 때

외출 후 들어왔을 때

5장

상대를 높이라고?

1 선생님 온다!

아하! 바른 존댓말은 이렇게

이런, 준이가 또 실수했군요. "선생님 온다." 하고 큰 소리로 외쳤으니 선생님이 화날 만도 하지요? 선생님은 어른이자, 준이가 존경해야 할 대상이에요. 그런데 높이지 않고 친구를 부르듯 부르고 말았어요. 높임의 대상인 주체를 제대로 높이지 않았기 때문에 선생님이 화가 난 거예요.

주체 높임은 우리가 가장 많이 사용하는 높임의 방법으로 높임의 뜻을 가진 '-시-'를 넣어 사용할 수 있어요. '선생님께서 책을 주셨다.'라는 문장에서 '주셨다'는 '주시었다'의 준말로, '주었다'에 '-시-'가 붙어 주체인 선생님을 높인 것이랍니다.

어른이 그 자리에 없더라도 공경하는 마음을 담아 존댓말을 쓰고, 말을 하기 전 높여야 할 대상이 누구인지, 어떤 높임말을 써야 할지 생각해 봐요.

다음 예사말에 '-시-'를 넣어 높임말로 바꿔 보세요.

❶ 오다 ┄┄┄ ▢   ❷ 있다 ┄┄┄ ▢
❸ 웃다 ┄┄┄ ▢   ❹ 아프다 ┄┄┄ ▢
❺ 쓰다 ┄┄┄ ▢   ❻ 먹다 ┄┄┄ ▢

정답 ❶ 오시다 ❷ 계시다 ❸ 웃으시다 ❹ 편찮으시다 ❺ 쓰시다 ❻ 드시다

아빠가 책을 읽으시고 있습니다

　아침부터 비가 내렸다. 처음에는 보슬보슬 조금씩 내리더니 시간이 지날수록 엄청 굵은 빗방울이 떨어졌다. 원래 오늘은 아빠랑 공원에 놀러 가기로 한 날이었다. 도시락도 먹고 자전거도 탈 계획이었는데, 비 때문에 다 엉망이 되었다.
　엄마가 실망한 우리를 위해 맛있는 부침개를 부쳐 주셨다. 혹시라도 비가 그칠까 봐, 동생과 나는 몇 번이나 창문을 바라보았다. 하지만 여전히 하늘은 회색이었다.
　"아빠 뭐하시는지 보고 올래?"
　"방에서 책을 읽으시고 있으세요."
　내 말에 엄마가 웃으셨다. 그리고 "책을 읽고 계신다고 해야지."라고 말씀하셨다. '-시-'를 넣으면 다 존댓말이 된다고 알고 있었는데, 내가 틀린 걸까? 머리가 아파서 나는 그냥 부침개만 집어 먹었다.

아하! 바른 존댓말은 이렇게

준이가 존댓말 때문에 고생을 하고 있군요. 높임의 뜻을 가진 '-시-'만 넣으면 다 존댓말이 되는 줄 알았는데, 그것도 아니니 말이에요. 준이가 헷갈린 이유는 지나치게 높인 것이 오히려 예의를 해친다는 것을 몰랐기 때문이에요.

'방에서 책을 읽으시고 있으세요.'라는 말에는 '-시-'가 두 번 들어있어요. 그 때문에 말이 부자연스러워졌지요. 이럴 때는 '-시-'를 한 번만, 마지막 서술어에 넣어 존댓말을 만들면 돼요. '있다'의 높임말인 '계시다'를 넣어 '방에서 책을 읽고 계세요.'라고 바꾸면 된답니다.

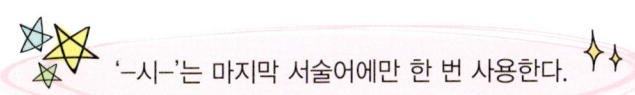

'-시-'는 마지막 서술어에만 한 번 사용한다.

존댓말을 잡아라!

밑줄 친 부분을 바르게 고쳐 쓰세요.

❶ 선생님께서 신문을 <u>보시고 있습니다.</u> ……

❷ 할아버지께서 운동을 <u>하시고 계십니다.</u> ……

❸ 엄마께서 동생을 <u>보시고 웃으세요.</u> ……

❹ 삼촌께서 용돈을 <u>주시며 말하셨어요.</u> ……

정답 ❶ 보고 계십니다 ❷ 하고 계십니다 ❸ 보고 웃으세요 ❹ 주며 말씀하셨어요

3 할머니 허리가 많이 굽었어요

　오늘은 가족과 공원으로 소풍을 가는 날이에요. 지난번에 비가 내리는 바람에 가지 못했거든요. 준이는 설레는 마음으로 가방을 챙겼어요.
　"아빠! 공원에 가면 제일 먼저 자전거 탈래요."
　"그래. 축구도 할까?"
　"좋아요!"
　준이가 소리쳤어요.
　얼마쯤 가자 푸른 나무가 가득한 공원이 나타났어요. 자전거를 타는 사람들, 배드민턴을 하는 사람들, 그리고 애완견과 산책을 하는 사람들이 보였어요.
　"저기도 가족끼리 놀러 왔나 보구나."
　아빠가 가리키는 곳엔 한 가족이 사진을 찍고 있었어요.
　"어! 소정이다."
　"아는 친구니?"
　"네. 같은 반이에요. 소정이넨 식구가 참 많네요. 그런데 할머니 허리가 많이 굽었어요. 힘들겠다."
　준이가 걱정스러운 표정으로 말했어요.

아하! 바른 존댓말은 이렇게

준이가 드디어 기다리던 가족 소풍을 왔어요. 그런데 준이의 말이 어딘가 좀 이상하지 않았나요? 벌써 눈치챈 친구들도 있지요.

준이가 할머니를 보고 "할머니 허리가 많이 굽었어요."라고 말했어요. 그런데 이는 높임의 표현이 아니에요. '할머니의 허리'이기 때문에 높임의 '-으시-'를 사용해서 말해야 해요. '굽다'의 높임말인 '굽으시었다'에서 '-으시-'가 높임의 의미를 가진 거예요. '-시-'와 '-으시-'를 활용해서 올바른 존댓말을 사용하도록 해요.

'-시-'를 넣어 높일 때는 마지막 서술어에만 넣는다고 했어요. 그런데 '자고 가셨다'처럼 '자다'의 높임말 '주무시다'가 있는 경우에는 높임말로 앞말을 바꾸고, '-시-'를 붙여 '주무시고 가셨다'라고 말해야 한답니다.

높임말이 있는 말은 높임말로 바꾼 후 뒤에 오는 서술어에 '-시-'를 넣어 높인다.

높임말 + -시-, -으시-

이럴 때 사용해요!

아빠께서 출장을 다녀오셨다.(갔다 오다)
큰어머니께서 우리 집에 오셨다 가셨다.(왔다 가다)
형님께서 하룻밤 주무시고 가셨다.(자고 가다)

4 내가 아시는 분이야

아하! 바른 존댓말은 이렇게

준이가 우연히 아빠 친구를 만났네요. 누구냐고 묻는 형식이에게 당당하게 "내가 아시는 분이야." 하고 말했어요. 아마 자신이 실수했다는 사실을 모르는 것 같지요?

준이는 자기 자신을 높였어요. 나 자신은 높임의 대상이 될 수 없어요. 여기서 '알다'를 말하는 사람은 바로 준이예요. 때문에 높일 필요가 없었어요. "내가 아는 분이야." 이렇게 얘기해야 올바른 표현이라 할 수 있지요. 하지만 할아버지가 아는 사람이라면 "할아버지께서 아시는 분이야."라고 하는 것이 맞는 표현이랍니다.

말하는 사람	높인 사람	높여야 할 사람
준이	~~준이~~	아저씨
	아시는 ⋯ 아는	분

존댓말을 잡아라!

다음 문장에서 높여야 할 사람과 높임말을 바르게 연결하세요.

❶ 아빠가 밥을 먹어요.   ㉠ 선생님 | 께서 | 말씀하세요

❷ 선생님이 말을 해요.   ㉡ 할머니 | 께서도 | 싶으시대요

❸ 할머니도 거기 가고 싶대요.   ㉢ 아빠 | 께서 | 진지 | 드세요

❹ 어르신은 잘 지내니?   ㉣ 어르신 | 께서는 | 안녕하시니?

정답 ❶-㉢, ❷-㉠, ❸-㉡, ❹-㉣

83

5 엄마, 물 마시세요

"준이야! 엄마 빨래하고 있을 테니까 동생이랑 놀고 있어."
엄마가 빨래 바구니를 들고 말했어요.
"형! 나 이거 만들어 줘!"
"이거? 이거 되게 어려운데."
준영이는 블록 쌓기를 해 달라고 졸랐어요. 준이는 설명서를 보고 차근차근 블록을 쌓았어요.
"형아! 이것도 해줘!"
"이거 먼저 다 해야지."
준영이의 성화에 준이는 금방 지쳤어요. 하지만 형과 오랜만에 즐거운 시간을 보내서인지 준영이의 표정은 무척 밝았어요.
"우리 준이가 동생 잘 돌보고 있네?"
빨래를 마친 엄마가 거실로 나와 말했어요.
엄마가 컵에 물을 따르자 준영이가 쪼르르 달려가 물컵을 들어 엄마에게 건넸어요.
"엄마, 물 마시세요!"
"준영아, 이럴 때는 '물 마셔요.'라고 해야지."
준이가 준영이의 말을 고쳐 주었어요.

아하! 바른 존댓말은 이렇게

준영이가 형을 따라 존댓말을 썼는데, 마음처럼 잘 안 되나 봐요. 엄마에게 '마시세요'라는 정체불명의 말을 했으니 말이에요. 옆에 있던 준이가 고쳐준다고 했는데, 친구들이 보기에는 제대로 고쳐진 것 같나요?

높임의 뜻이 있는 '-시-'를 사용한 말은 모두 높인 표현이에요. 하지만 '-시-'가 들어갔다고 해서 모두 존댓말이 되는 건 아니에요. '-시-'가 어디에 붙느냐에 따라 달라지거든요.

'마시다'는 '액체를 목구멍으로 넘기다.'는 뜻을 가진 말로 '-시-'가 붙은 존댓말이 아니에요. 하지만 준이는 '마시다'의 '-시-'를 높임의 뜻으로 알았던 모양이에요. 올바른 존댓말이 되기 위해선 '마시다'의 높임말인 '들다'를 사용해서 "엄마! 물 드세요."라고 고쳐야 해요.

다음 말을 높임말로 바꿔 쓰세요.

가다 ⋯ [　　　]　　아프다 ⋯ [　　　]　　먹다 ⋯ [　　　]

묻다 ⋯ [　　　]　　보다 ⋯ [　　　]　　있다 ⋯ [　　　]

자다 ⋯ [　　　]　　주다 ⋯ [　　　]　　죽다 ⋯ [　　　]

정답 가시다, 편찮으시다, 드시다, 여쭙다, 보시다, 계시다, 주무시다, 드리다, 돌아가시다

바르게 고쳐라

✏️ 잘못된 높임말을 바르게 고쳐 쓰세요.

초성잇기 게임

✏️ <보기>와 같이 높임말로 초성잇기 게임을 해 보세요.

| 보기 | 진지 ⋯ 지시하시다 ⋯ 드세요 ⋯ 아드님 ⋯ 누우셔서 |

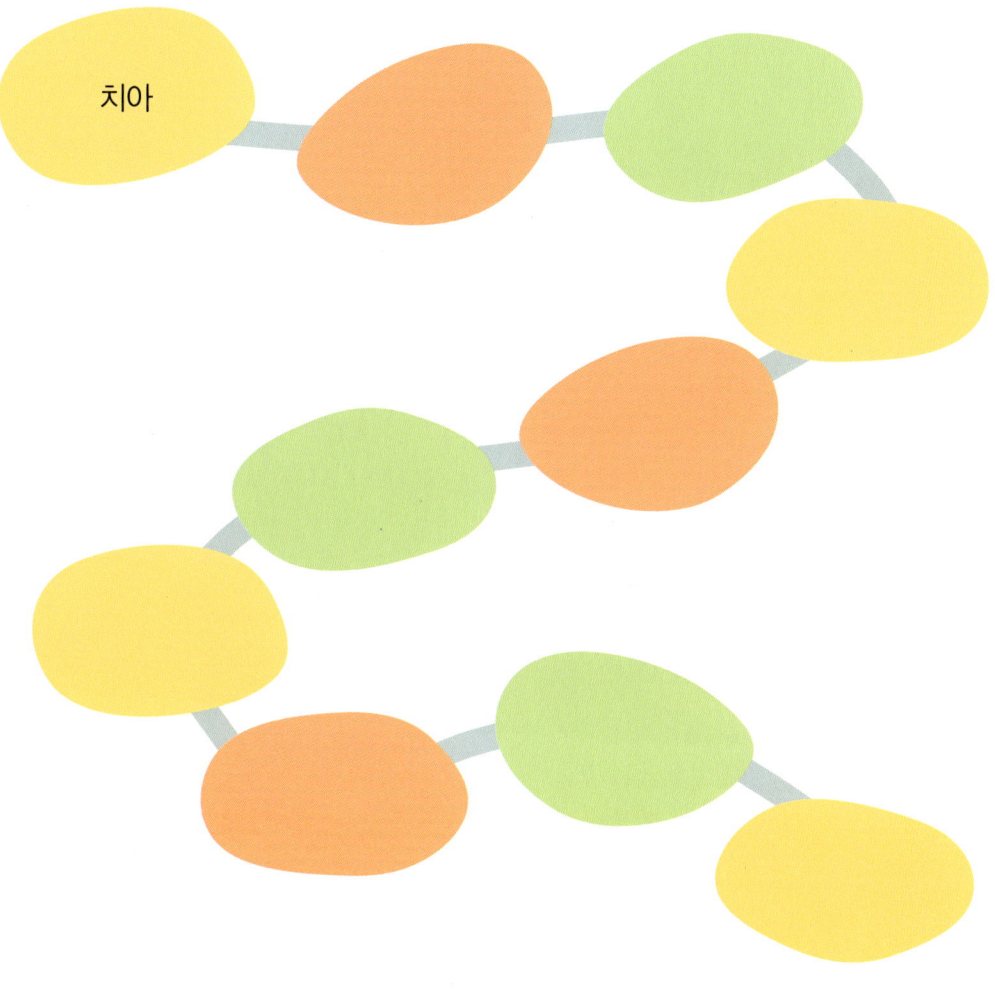

치아

87

6장

존댓말에도 격식이 있다고?

1. 엄마! 학교 다녀올게요

"민주야! 학교 가야지. 지각하면 어쩌려고 그러니!"
엄마가 다급하게 소리쳤어요.
민주는 계란말이 하나를 급하게 입안으로 집어넣었어요. 볼이 터질 듯 민주는 입을 오물거렸지요.
"엄마, 학교 다녀올게요!"
겨우 인사를 하고 집을 나온 민주는 슈퍼 앞에서 솔지를 만났어요. 둘은 슈퍼에서 초콜릿과 막대 사탕을 골랐어요.
"오늘도 초콜릿이랑 사탕이네? 너희 그러다가 이 다 썩는다."
진열대를 정리하던 주인아저씨가 웃으며 말했어요.
"괜찮아요. 이거 먹고 이 꼭 닦을 거예요."
"맞아요! 엄마가 하나는 먹어도 된다고 하셨어요."
아저씨가 웃으며 계산을 해 주었어요. 아이들은 혹시라도 학교에 늦을까 봐 재빨리 슈퍼에서 나왔어요.
"어서 가거라. 오늘도 공부 열심히 하고!"
"네. 학교 다녀올게요!"
"내일 또 올게요!"
아저씨에게 인사를 하고 민주와 솔지는 학교로 뛰어갔어요.

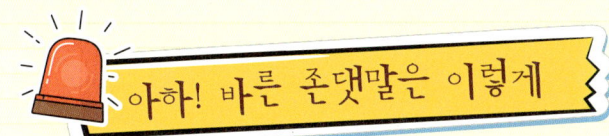

민주와 솔지가 아침부터 바쁘네요. 그 와중에 사탕까지 사 먹다니. 이는 꼭 닦는 거겠지요? 인사성이 밝은 민주지만 한 가지 아쉬움이 있어요. 예의를 좀 더 갖추는 인사법이 필요하다는 거예요.

민주는 엄마에게, 그리고 가게 아저씨에게 "학교 다녀올게요." 하고 인사했어요. 물론 이 말도 존댓말이지만, 격식과 예의를 갖춘 말은 아니에요. 좀 더 예의 있고 격식을 차리고 싶다면 '-습니다'로 상대를 높여 인사해 보세요. "학교 다녀오겠습니다." 하고요.

높임을 나타내는 방법
❶ 께(께서)를 붙인다.
❷ -시-(-으시-)를 넣는다.
❸ 높임말을 쓴다.
❹ '-습니다'로 문장을 끝낸다.

다음 말에 '-습니다'를 넣어 고쳐 쓰세요.

❶ 다녀올게요 ⇒ [   ]   ❷ 있어요 ⇒ [   ]

❸ 알겠어요 ⇒ [   ]   ❹ 감사해요 ⇒ [   ]

정답 ❶ 다녀오겠습니다 ❷ 있습니다 ❸ 알겠습니다 ❹ 감사합니다

제가 발표할게요

　오늘은 독후감 읽기 대회가 있는 날이에요. 아침부터 민주는 수선을 떨었어요. 마음에 드는 옷으로 갈아입고, 머리에 예쁜 핀도 꽂았어요.
　"이따 아빠랑 같이 오세요. 늦으시면 안 돼요!"
　"그래, 걱정하지 마. 꼭 갈게."
　엄마의 배웅을 받으며 민주는 학교로 향했어요. 발표를 잘해서 선생님에게 칭찬도 받고, 친구들에게 축하도 받고 싶었어요.
　"이제 독후감 읽기 대회가 시작될 거예요. 모두 강당으로 모이세요."
　수업이 끝난 뒤 독후감 읽기 대회가 시작되었어요. 방청석에 있는 부모님을 발견하자 민주의 가슴은 콩닥콩닥 뛰었어요.
　"독후감 읽기 대회를 시작하겠습니다."
　선생님의 말이 끝나자 박수 소리가 쏟아졌어요. 첫 번째 발표자였던 민주가 씩씩하게 마이크 앞에 섰어요.
　"지금부터 제가 발표할게요."

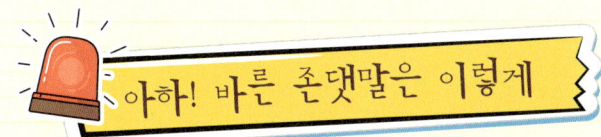 아하! 바른 존댓말은 이렇게

친구들도 민주처럼 공식적인 장소에서 발표한 적이 있나요? 이런 자리는 많은 사람이 모이는 곳이기 때문에 조금 더 예의를 차려야 합니다. 편하게 이야기하기보다는 정중한 자세를 갖추어 말해야 하지요.

민주는 "지금부터 제가 발표할게요."라고 말했어요. '나'를 '저'로 낮추어 말한 것은 아주 잘했지만, '-요'로 끝나는 말은 공식적인 장소에서 사용하지 않는다는 걸 몰랐나 봐요. 이럴 때는 '-습니다'를 붙여 높임을 나타내는 방법으로 "지금부터 제가 발표하겠습니다."처럼 말하면 된답니다.

 여러 사람 앞에서 발표를 잘하려면
❶ 쉬운 이야기로 가볍게 시작한다.
❷ 존댓말로 천천히 말한다.
❸ 결론을 앞부분에 말한다.
❹ 요점만 간단하게 말한다.

 존댓말을 잡아라!

다음 중 잘못된 부분을 찾아 바르게 고쳐 보세요.

조회를 시작하겠어요. 학생 여러분께서는 모두 자리에 앉으세요. 지금부터 교장 선생님의 말이 있겠어요. 집중해 주세요.

정답) 시작하겠어요(시작하겠습니다), 앉으세요(앉아 주십시오), 말(말씀), 있겠어요(있겠습니다), 주세요(주십시오)

3 알겠어요, 선생님!

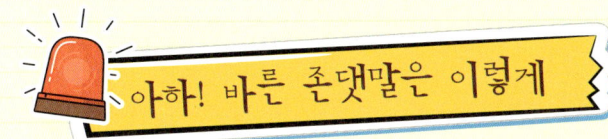
아하! 바른 존댓말은 이렇게

학교에서 선생님의 물음에 친구들은 어떻게 대답하나요? 민주처럼 '알았어요', '알겠어요' 하지는 않나요? 이 말이 틀린 것은 아니에요. 하지만 여기서 조금만 더 예의를 갖추면 훨씬 좋은 표현이 된답니다.

'알았어요'는 '-요'가 붙은 말로 친근한 사람에게 주로 사용하는 말이에요. 하지만 지금 민주는 처음 본 선생님과 궁궐 견학을 하고 있어요. 친근하지 않은, 그것도 배움을 익히는 자리에서 민주는 너무나 편하게 대답을 하고 말았어요. 이럴 때는 '-습니다'를 붙여 정중하게 대답을 하면 돼요.

선생님, 알겠습니다(알았습니다).

이럴 때 사용해요!

'알겠습니다'와 '알았습니다'는 무엇이 다를까?
'-겠-'은 말하는 사람의 강한 의지를 나타내거나, 듣는 사람에게 부드러운 느낌을 줄 수 있어요.

예) 나는 꼭 회장이 되겠다. / 제가 먼저 해도 되겠습니까?

반면, '-았-'은 어떤 일이 이미 일어났거나 이미 정해진 것처럼 말할 때 써요.

예) 미진이는 학원에 갔다. / 시험 점수를 보니 엄마에게 오늘 혼났다.

따라서 상대방에게 공손한 느낌을 줄 수 있는 '알겠습니다'를 사용하는 것이 좋습니다.

 간식, 잘 먹을게요

민주와 솔지가 한참 숙제를 하고 있는데, 민주 엄마가 방문을 열었어요.
"배고프지? 이거 먹으면서 해."
쟁반에는 케이크와 과일이 담긴 접시가 놓여 있었어요.
"맛있겠다!"
마침 배가 고팠던 민주는 재빨리 포크를 들었어요.
"어머님! 잘 먹을게요."
솔지가 인사했어요.
"엄마, 고맙습니다. 저 배 엄청 고팠거든요."
민주는 정신없이 허겁지겁 케이크를 먹었어요.
"야! 너 입에 크림 묻었어."
솔지가 민주의 얼굴을 가리키며 크게 웃었어요.
"정말이네?"
거울을 보던 민주도 자신의 모습이 우스웠는지 킥킥댔어요.
"천천히 먹으렴. 여기 주스도 마시고."
민주 엄마는 허겁지겁 급하게 먹는 아이들에게 주스를 가져다주었어요.
"잘 마실게요."
민주가 벌컥벌컥 주스를 들이켰어요.

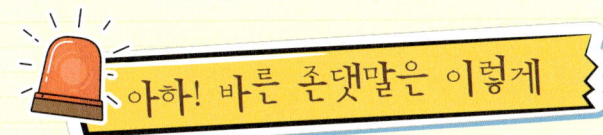

민주가 정말 배가 고팠나 봐요. 크림이 입에 묻은 줄도 모르고 먹네요. 간식을 챙겨 준 엄마에게 아이들은 "잘 먹을게요.", "잘 마실게요." 하고 고마움을 표시했어요. '-해요'도 '-요'처럼 높임의 한 표현이지만, 주로 친근한 사람에게 쓰는 말이에요. 따라서 다른 어른에게 잘못 사용하면 버릇없다는 인상을 줄 수 있어요.

그러니 앞으로는 '-습니다'를 붙여 "잘 먹겠습니다."라고 인사하도록 해요. 친구 부모님이나, 선생님, 할머니, 할아버지 등 어른과 함께하는 자리에서는 항상 더 예의를 지켜야 한다는 걸 잊지 마세요.

여기에 하나 더, 어른과 식사할 때는 어른의 식사 속도에 맞춰 음식을 먹고, 다 드실 때까지 자리에서 일어나면 안 된답니다. 식사가 모두 끝나면 자신의 그릇을 정리한 후 "맛있게 먹었습니다." 하고 인사하면 좋겠지요.

다음 질문에 '-ㅂ니다'를 넣어 예의 있게 대답해 보세요.

① 할머니 : 민주야, 부모님은 잘 지내시니?

　민주 : 네,

② 선생님 : 민주야, 방학 때 시골 다녀왔니?

　민주 : 아니요,

정답 ① 잘 지내십니다. ② 못 다녀왔습니다.

5 실례합니다

　수진이에게
　수진아, 안녕? 잘 지냈니?
　우리가 못 본 지도 1년이 다 되었네. 네가 있는 곳은 어때? 나는 잘 지내고 있어. 이곳으로 이사 오면서 친구들도 많이 사귀었어. 그래도 네가 무척이나 보고 싶어. 너와 인형 놀이를 하면서 놀았던 때가 자주 떠올라.
　얼마 전 우리가 살던 동네에 갔었어. 새롭게 개발되면서 많이 변했지만, 우리가 사탕 사 먹으러 자주 들르던 가게는 그대로였어. 내가 너무 아쉬워하자 아빠가 한 가게 안으로 들어가셔서 정중히 인사를 하시더니, "실례합니다. 혹시 예전에 놀이터 앞에 있던 아름 피아노 학원이 어디로 이전했는지 알 수 있겠습니까?" 하고 물으셨어.
　"옆 동네로 이사를 갔는데, 연락처 알려 드릴까요?"
　주인 할아버지의 친절 덕분에 피아노 학원 연락처를 알 수 있었어. 나는 너무 감사해서 할아버지께 꾸벅 인사를 하고 나왔어. 그때 우리를 가르치셨던 선생님은 아직도 계실까? 수진아, 메일 보면 꼭 답장해 줘. 같이 선생님 뵈러 가자. 알았지?

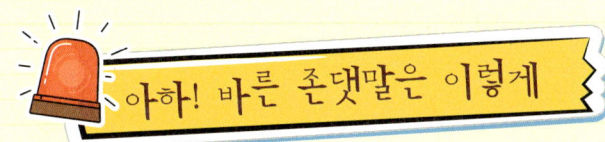
아하! 바른 존댓말은 이렇게

민주가 옛 친구에게 메일을 보냈어요. 그런데 할아버지에게 도움을 청하던 아빠의 모습이 매우 인상적이었나 봐요. 모르는 할아버지에게 정중히 인사까지 했으니 말이에요.

가끔 길을 묻거나 매장에서 찾는 물건이 없을 때, 우리는 누군가에게 도움을 요청하곤 해요. 그럴 때 예의를 갖춰 묻는다면 알려주는 사람의 기분도 훨씬 좋겠지요?

민주 아빠는 할아버지에게 '실례합니다'라는 인사와 함께 '알 수 있겠습니까?' 하고 정중하게 물었어요. 만약 "저기요, 피아노 학원이 어디로 이전했는지 아세요?" 하고 물었다면 할아버지가 지금처럼 친절하게 대답해 주셨을까요? '말 한마디에 천 냥 빚을 갚는다.'는 속담처럼 어떻게 말하느냐에 따라 돌아오는 말 또한 많이 달라진다는 걸 잊지 마요.

이럴 때 사용해요!

'실례합니다'는 언제 쓸까?

'실례하다'는 '말이나 행동이 예의에 벗어나다.'라는 뜻이에요. 주로 물어보거나 부탁할 때, 상대방에게 양해를 구하는 인사로 쓰여요. '실례합니다'보다 더 공손한 느낌을 주려면 '-겠'을 넣어 "실례하겠습니다."라고 말하면 된답니다.

- 잠시 실례하겠습니다.
- 실례했습니다. 저는 이만 가 보겠습니다.

6 어서 오십시오!

일주일 뒤면 민주의 생일이에요. 그래서 오늘 엄마와 함께 옷을 사러 백화점에 왔어요.

"아동복 매장이 몇 층인지 물어보자."

백화점에 도착하자마자 엄마는 민주와 함께 안내데스크로 걸어갔어요.

"어서 오십시오."

안내 직원이 정중하게 인사했어요.

"아동복 매장은 몇 층에 있나요?"

"3층에 있습니다. 즐거운 쇼핑 되십시오."

친절하게 인사하는 직원을 뒤로하고 민주와 엄마는 3층으로 향했어요.

"엄마. 그런데 왜 매장 직원들은 저렇게 '어서 오십시오.', '안녕히 가십시오.' 인사하는 거예요? 되게 딱딱해 보여요."

"저게 가장 격식 있는 표현이기 때문이야."

"격식이요?"

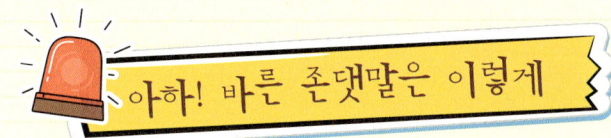
아하! 바른 존댓말은 이렇게

우리는 가끔 백화점이나 쇼핑몰에 들어설 때 "어서 오십시오." 하고 인사하는 점원들을 만날 수 있어요. 혹은 매장 유리문에 '어서 오십시오.'라고 적힌 문패를 보기도 하지요.

왜 '어서 오세요.', '어서 오셔요.'라고 인사하지 않을까요? '-셔요'는 상대편을 보통으로 높이는 말이에요. 그래서 높임의 뜻을 나타내기는 하지만 격식을 갖추어야 할 자리에서는 쓰지 않아요.

'어서 오십시오.'는 정중한 명령이나 권유를 나타내는 '-십시오'가 '오다'에 붙어 생긴 말이에요. 때문에 예의 있고 격식 있는 자리에서 주로 사용하지요. 이제 매장에서 "어서 오십시오." 하고 인사하는 점원이 있다면 친구들도 꼭 "안녕하세요." 하고 인사하도록 해요.

이럴 때 사용해요!

어떻게 인사할까?

새해 인사 : 새해 복 많이 받으십시오.
송년 인사 : 한 해 동안 보살펴 주셔서 고맙습니다.
축하 인사 : ○○를 축하합니다.
문병 인사 : 좀 어떠십니까? / 좀 어떻습니까?
　　　　　 쾌차하시기 바랍니다. / 조리 잘 하십시오.

높임말 땅따먹기 게임

게임 방법
① 가위바위보로 순서를 정하고, 자기 자리에서 바둑알을 튕긴다.
② 바둑알이 들어간 높임말이 자기 땅이 된다. 더 많은 땅을 차지한 사람이 이긴다.

알겠습니다	고맙습니다	실례하겠습니다	축하합니다
연세	춘추	잡수다	병환
	들다		
약주	계시다	올림	사부님
	진지	돌아가시다	

어머님	안녕하세요	어서 오십시오	
	분	성품	먹겠습니다
환후	존함	편찮으시다	성함
		저희	
댁	하시다	뵈다	하겠습니다

말을 전할 때는 말을 전한 사람과 전달 받는 사람 중 누가 윗사람인지 확인해야 해요.

7장
누구를 높여야 할까?

엄마, 선생님이 내일 회의에 꼭 참석하래요

솔지가 교실을 나가려는데 선생님이 부르셨어요.
"내일 학부모 회의가 있단다. 통신문이 발송됐지만, 혹시 모르니 어머님께 내일 회의에 꼭 참석하시라고 전해드리렴."
"몇 시까지요?"
"3시까지 오시면 돼."
"알겠습니다."
꾸벅 인사를 하고 솔지는 교실을 나왔어요. 집으로 돌아가는 길에 솔지는 선생님의 전달 사항을 다시 떠올려 보았어요.
"엄마, 학교 다녀왔습니다!"
솔지가 큰 소리로 인사했어요.
"우리 딸 수업 잘 받았니? 손 씻고 와. 간식 줄게."
엄마는 다시 주방으로 향했어요. 화장실에서 손을 씻던 솔지는 깜빡했다는 듯 다급히 거실로 나갔어요.
"엄마! 선생님이 내일 학부모 회의에 3시까지 꼭 참석하래요."
"솔지야, 말을 전달할 때는 예의를 갖춰서 해야지."
"음, 제가 뭘 잘못 말했어요?"
솔지는 의아한 표정으로 물었어요.

아하! 바른 존댓말은 이렇게

솔지가 선생님의 말을 잊지 않고 엄마에게 잘 전달했네요. 그런데 뭐가 잘못된 걸까요? 예의를 갖추지 못했다고 엄마에게 작은 꾸지람을 듣고 말았어요.

어른의 말을 어른에게 전달할 때는 조금 더 세심한 주의가 필요해요. 솔지는 "엄마, 선생님이 내일 학부모 회의에 3시까지 꼭 참석하래요."라고 전달했어요. 여기서 잘못된 부분은 '선생님이'와 '참석하래요'예요. 말을 전한 사람은 선생님이고, 말을 전달받는 사람은 엄마예요. 두 사람 모두 솔지 보다 윗사람이기 때문에 전달하는 선생님도, 전달받는 엄마도 모두 높여야 하지요. "엄마, 선생님께서 내일 회의에 꼭 참석하시래요."라고 하면, 훨씬 공손한 표현이 된답니다.

말한 사람	높인 사람	높인 방법
솔지	엄마, 선생님	께서, 참석하시래요

엄마와 선생님은 동등하게 높여야 해요.

존댓말을 잡아라!

다음 중 예의를 갖춰 바르게 전달된 표현에 ○표 하세요.

❶ 아빠, 엄마가 전화 받으시래요. ☐

❷ 선생님, 저희 엄마께서 내일 오신다고 하셨어요. ☐

2 할아버지, 엄마께서 식사하래요

아하! 바른 존댓말은 이렇게

친구들은 솔희가 무엇 때문에 배꼽을 잡고 웃는지 눈치챘나요? 솔지는 할아버지를 모셔 오라는 엄마의 말을 들었어요. 그리고 그 말을 할아버지에게 전달해야 했지요. 그런데 "할아버지, 엄마께서 식사하래요."라고 말했어요. 높여야 할 주체를 잘못 선택한 거예요.

엄마보다 할아버지가 훨씬 윗사람이에요. 따라서 높여야 할 사람은 엄마가 아니라 할아버지예요. 그런데 솔지는 할아버지보다 엄마를 더 높였어요. 할아버지에게 '엄마께서'라고 높여 버린 거예요.

이때는 "할아버지, 엄마가 식사하시래요."처럼 '엄마가'를 써서 엄마는 높이지 않고, '식사하래요'에 높임의 '-시-'를 넣어 할아버지를 높여 주어야 한답니다.

말한 사람	높인 사람	높인 방법
솔지	할아버지	식사하시래요

할아버지는 엄마보다 높은 어른이에요. 이럴 때는 할아버지를 높이고, 엄마는 높이지 않아요.

다음 중 바른 높임말에 ○표 하세요.

❶ 아빠, 언니 [가] [께서] 숙제 도와 [달래요] [달라고 하셨어요] .

❷ 엄마, 할머니 [가] [께서] 다리가 [아프대요] [아프시대요] .

3 언니, 아빠가 아이스크림 못 사 온대

일요일 아침, 솔지는 가족과 함께 아침 운동을 나갔어요.
"아침에 운동하니까 머리가 맑아지는 것 같지?"
"힘들지만 재밌어요."
솔희가 땀을 닦으며 말했어요.
"전 힘들어서 못 하겠어요. 너무 졸리기도 하고요."
아빠와 언니가 배드민턴을 하는 동안 솔지는 바람을 맞으며 땀을 식혔어요.
"자, 이제 얼른 집으로 가서 아침밥 먹자."
아빠가 운동한 자리를 정리하며 말했어요.
"아빠, 너무 더워요. 아이스크림 먹으면서 가면 안 돼요?"
솔희의 말에 솔지도 덩달아 아이스크림을 사 달라고 졸랐어요.
"아침부터 찬 거 먹으면 안 좋으니까, 밥 먹고 먹을까? 아빠가 마트에 들러 사 갈게."
아빠는 마트로 가고 솔희와 솔지는 집으로 돌아왔어요. 엄마를 도와 아침상을 차리는데, 전화벨이 울렸어요. 냉큼 달려가 솔지가 받았어요. 아빠였어요. 통화하던 솔지가 서운한 표정으로 전화를 끊었어요.
"언니! 아빠가 아이스크림 못 사 온대!"

110

아하! 바른 존댓말은 이렇게

아이스크림을 못 먹게 된 솔지가 서운했겠어요. 그래서일까요? 또 존댓말을 잘못 쓰고 말았네요. 솔지는 아빠의 전화를 받고 언니에게 "아빠가 아이스크림 못 사 온대!"라고 전했어요. 이 말을 한 주체는 아빠이기 때문에 아빠를 높여서 말해야 해요. "언니! 아빠께서 아이스크림 못 사오신대(사온다고 하셔)." 하고 말이지요. 여기서 '-대'는 직접 경험한 사실이 아니라 남이 말한 내용을 간접적으로 전달할 때 주로 쓰는 '-다고 해'의 준말이랍니다.

상황	말하는 사람	듣는 사람	높여야 할 사람
엄마의 심부름	아이	아빠	엄마, 아빠
할아버지의 심부름	조카	이모	할아버지

'-대'를 이용해 어른의 말을 전달해 보세요.

❶ 솔지야, 할아버지가 오늘은 집에 못 갈 것 같구나.

　솔지 : 엄마! ▢

❷ 솔지야, 엄마가 피자 만들어 줄게.

　솔지 : 언니! ▢

정답 ❶ 할아버지께서 집에 오늘은 못 오신대요. ❷ 엄마께서 피자 만들어 주신대.

 선생님, 민주가 숙제를 못 해 오셨대요

"학교 다녀오겠습니다!"

솔지가 학교에 가기 위해 집을 나섰어요. 얼마쯤 가자 민주와 만나기로 한 문구점이 보였어요. 민주는 이미 도착해 있었어요. 그런데 민주의 표정이 좋지 않았어요.

"민주야, 왜 그래? 어디 아파?"

"응. 감기에 걸려서 어제 종일 아팠어."

"진짜? 병원은 다녀왔어?"

"응. 주사도 맞고 약도 먹었더니 좀 괜찮아졌어."

민주가 웃으며 대답했지만 솔지는 걱정이 되었어요.

"그런데 계속 자느라 숙제를 다 하지 못했어. 어떡하지?"

"선생님께 말씀드리자. 아마 이해해 주실 거야."

솔지가 민주를 위로해 주었어요.

수업이 시작되기 전에 솔지와 민주는 선생님에게 갔어요.

"무슨 일 있니?"

민주가 우물쭈물하자 솔지가 냉큼 대답했어요.

"선생님, 민주가 어제 너무 아프셔서 숙제를 못 해 오셨대요."

"솔지야, 선생님과 민주 중에 누구를 높여야 할까?"

선생님이 웃으며 물었어요.

아하! 바른 존댓말은 이렇게

 아픈 친구를 생각하는 솔지의 마음이 참 예쁘지요? 민주를 대신해 솔지가 선생님에게 자초지종을 설명했는데, 그만 실수를 하고 말았어요. 민주를 높이고 말았거든요.
 솔지는 "선생님, 민주가 어제 너무 아프셔서 숙제를 못 해 오셨대요."라고 전달했어요. 선생님과 민주 중에서 어른은 선생님이에요. '아프셔서', '못 해 오셨대요'는 모두 민주를 높이는 말이에요. '아프다'와 '못 하다'의 행동을 한 사람은 민주니까요. 어른에게 말을 전달할 때는 누구를 높여야 하는지 잘 파악해서 말해야 해요.
 하지만 문장이 끝나는 말이 아닌 연결되는 말인 '−는데' 뒤에서는 '요'를 생략할 수 있어요. '선생님, 민주가 어제는 많이 아팠는데, 오늘은 다행히 좋아졌대요.' 처럼요.

다음 중 높여야 할 사람이 누구인지 ○표 하세요.

❶ 선생님, 제가 오늘 깜빡 잊고 준비물을 안 가지고 왔어요.

❷ 삼촌! 언니가 다음에 또 만나자고 했어요.

❸ 아저씨, 엄마께서 이거 교환해 달라고 하셨어요.

정답) ❶ 선생님 ❷ 삼촌 ❸ 아저씨, 엄마

5 우리 엄마가 경비실에 맡기라는데요

# 아하! 바른 존댓말은 이렇게

친구들도 간혹 부모님 대신 택배 물건을 받을 때가 있지요? 그럴 땐 뭐라고 얘기하나요? 솔지는 택배 아저씨에게 "우리 엄마가 그냥 경비실에 맡기라는데요."라고 전달했어요. 그런데 이 과정에서 엄마와 택배 아저씨를 높이지 않았어요. '엄마가', '맡기라는데요?'에는 어떤 높임의 표현도 들어 있지 않아요.

다른 사람에게 부모님의 말을 전할 때는 언제나 높여야 해요. 따라서 '우리 엄마가'가 아니라 '저희 엄마께서'로, 아저씨를 높여 '맡기다'에 '-시다'를 붙여 '맡기시다'를 넣어 "아저씨, 저희 엄마께서 그냥 경비실에 맡기시라는데요."라고 말해야 해요.

어른의 말을 전할 때는 듣는 사람이 누구냐에 따라 말한 사람을 높일 수도, 듣는 사람을 높일 수도, 두 사람을 모두 높일 수도 있어요.

솔지의 말 중 밑줄 친 부분을 바르게 고쳐 쓰세요.

아줌마, 안녕하세요? 이거 어제 여기에서 사 갔던 물건인데요. 우리 엄마가 교환해 달라고 했어요. 오늘까지 교환되는 거 맞지요? 여기에 담아 줘요.

감사합니다.

정답 : 어머니께서, 교환해 달라셨어요, 주세요.

115

누가 누가 높을까?

✏️ 다음 중 높여서 말해야 하는 사람을 찾아 빈자리에 써 주세요.

어느 것이 맞을까?

✏️ 두 낱말 중에서 알맞은 말을 찾아 ○표 하세요.

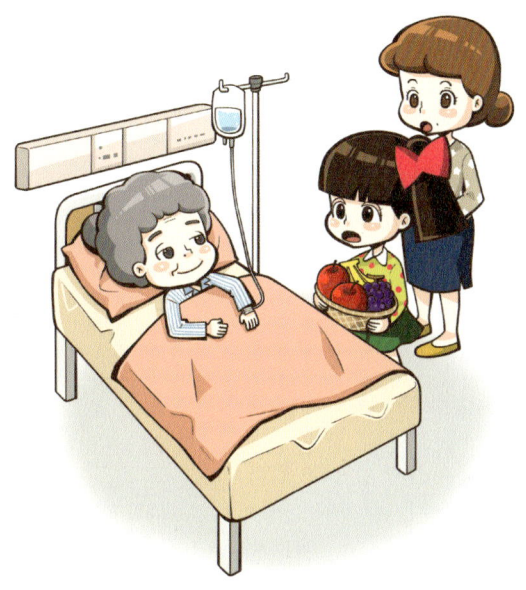

 할머니, 많이 [아파? / 편찮으세요?]

 이제 안 아파. 우리 솔지, 할미 [보고 싶었어? / 뵙고 싶었어요?]

 네. 할머니 빨리 나아서 집으로 [가자. / 가세요.]

 [내가 / 제가] 할머니 좋아하시는 붕어빵 [사 줄게. / 사 드릴게요.]

 우리 솔지가 사 주는 붕어빵 [먹으러 / 드시러] 빨리 집에 가야겠구나.

8장
사람만 높이라고?

1 필통이 아주 낡으셨네요

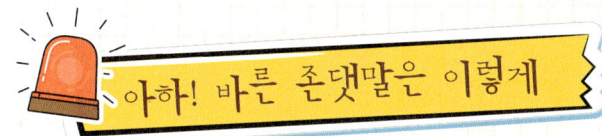 아하! 바른 존댓말은 이렇게

선생님의 심부름으로 필통을 가지고 온 형식이가 그만 실수를 하고 말았어요. 필통에 존댓말을 썼거든요. 형식이의 실수가 재미있다고 생각하는 친구들도 있겠지만, 사실 이런 실수는 누구나 한 번쯤 해 봤을 거예요. 사물에 높임법을 사용해 엉뚱한 문장을 만드는 것이지요.

아마도 선생님의 필통이라서 높여야 한다고 생각한 것 같은데, 사물은 높이지 않아요. 사물은 사물일 뿐, 사람이 아니에요. 할아버지 사물, 아기 사물이 있는 건 아니니까요.

그래서 "필통이 많이 낡았어요."라고 고쳐 주어야 올바른 문장이 된답니다. 존댓말을 제대로 공부한다면 이런 실수는 두 번 다시 하지 않겠지요?

 어른의 물건이라도 물건은 높여서 말하지 않아요.

 존댓말을 잡아라!

다음 중 맞는 말에 ○표, 틀린 말에 ×표 하세요.

❶ 엄마! 선풍기가 고장 나셨나 봐요.

❷ 선생님, 연필이 많으시네요?

❸ 아빠, 아이스크림이 녹았어요.

2 손님, 가방이 예쁘시네요

"형식아, 내일 엄마에게 깜짝 선물을 해주자꾸나."

어제 아빠는 형식이에게 비밀 제안 하나를 했어요. 며칠 남지 않은 엄마의 생일 선물을 해 주자는 거였어요. 엄마는 오늘 점심을 먹으러 나가는 줄 알고 있었지만, 사실은 쇼핑센터로 가는 중이었지요.

"여긴 식당이 아니잖아요."

"생일 선물 미리 사 주려고. 한번 골라 봐요."

아빠의 말에 엄마는 가게 안으로 들어갔어요. 깜짝 선물에 정말 놀란 눈치였지요.

그때 점원이 엄마에게 가방 하나를 추천해 주었어요.

"이거 잘 어울리실 것 같아요. 여기, 거울 한번 보세요."

엄마는 가방을 들고 자신의 모습을 이리저리 비춰 보았어요.

"어머! 너무 잘 어울리세요. 손님이 드시니 가방이 더 예쁘시네요."

점원이 웃으며 말했어요.

가게를 나오면서 엄마는 형식이에게 작은 소리로 말했어요.

"저 직원은 가방에게도 존댓말을 하는구나."

　가방을 사러 간 형식이네 엄마가 조금 불쾌한 일을 겪었군요. 점원이 '가방'에 존댓말을 했기 때문이에요. 이처럼 과도한 존댓말 사용은 큰 문제가 되고 있어요. 높일 수 없는 사물에 '-시-'를 붙여 사물을 높이고 있으니까요.

　이런 일은 특히 고객을 응대하는 백화점이나 식당 등에서 자주 볼 수 있어요. 고객을 높인다는 의미에서 사물에까지 존댓말을 하는 거예요. 어른이 가지고 있다고 해서, 고객이 사용한다고 해서 사물까지 높일 필요는 없어요. 오히려 잘못된 표현이기 때문에 더 불쾌할 수 있답니다.

　이때는 손님만 높여 "손님이 드시니 가방이 더 예쁘네요."라고 말해야 올바른 존댓말이 되는 거예요.

다음 중 잘못된 부분을 찾아 바르게 고쳐 쓰세요.

❶ 옷 색깔이 예쁘십니다.　⋯　[　　　　　　]

❷ 이 상품은 품절이세요.　⋯　[　　　　　　]

❸ 커피 나오셨습니다.　⋯　[　　　　　　]

정답　❶ 예쁩니다　❷ 품절입니다　❸ 나왔습니다

3 아저씨들은 안 무서우실까?

아하! 바른 존댓말은 이렇게

형식이가 또 잘못된 존댓말을 사용하고 있네요. 어디가 잘못되었는지 잘 모르겠다고요? 어른에게 존댓말을 사용하는 것은 맞지만, 모르는 사람에게는 사용하지 않아도 돼요.

형식이와 준이는 지나가다 일하는 아저씨들을 보았어요. 그들과 잘 아는 사이도 아니고, 서로 대화하는 것도 아니에요. 그래서 굳이 높일 필요는 없어요. 그냥 "저 위에서 일하는 아저씨들은 안 무서울까?"라고 이야기해도 예의에 어긋나는 건 아니에요.

만약 아저씨와 형식이가 직접 대화를 나눈다면 존댓말을 사용해야 하지만, 지금은 형식이와 준이가 아저씨들을 보고 나누는 대화이기 때문에 굳이 존댓말을 쓰지 않아도 된답니다.

이럴 때 사용해요!

우리는 흔히 '의사 선생님', '소방관 아저씨'처럼 선생님과 아저씨라는 호칭을 자주 사용해요. 하지만 직접 이야기를 나누는 것이 아니라면 이런 호칭은 붙이지 않아도 돼요.

- 소방관이 불을 끄고 있다.
- 농부가 경운기로 밭을 갈고 있다.
- 위급합니다. 의사를 불러 주세요!
- 간호사에게 독감 주사를 맞았다.

4 세종대왕님을 가장 존경합니다

"내일까지 자신이 가장 존경하는 위인에 대해 생각해 보세요. 그리고 위인을 좋아하고 존경하는 이유에 대해 적어 오도록 해요. 한 명씩 발표할 거예요."

'존경하는 위인?'

형식이는 좋아하는 위인이 많았어요. 임진왜란에서 나라를 구한 이순신 장군도 존경했고, 과학자 뉴턴도 좋아했어요. 집으로 돌아온 형식이는 다시 한 번 곰곰이 생각해 보았어요.

"그래. 세종대왕님에 대해 쓰자."

다음 날, 수업이 시작되었어요. 친구들이 하나둘, 발표를 시작했어요. 곧 형식이의 차례가 다가왔어요.

"저는 세종대왕님을 가장 존경합니다. 세종대왕님께서는 백성을 사랑하는 마음을 담아 우리의 글자인 한글을 창제하셨습니다. 그뿐 아니라 조선의 과학 발전을 위해 많은 과학 기구도 발명하셨습니다. 저도 세종대왕님을 본받아 나라를 위해 보탬이 되는 사람이 되고 싶습니다."

형식이의 발표가 끝나자 아이들이 박수를 쳐 주었어요.

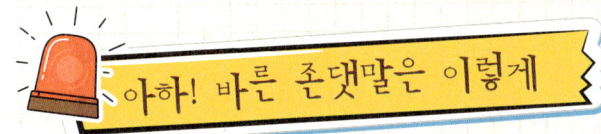 아하! 바른 존댓말은 이렇게

친구들도 형식이처럼 존경하는 위인이 있나요? 위대한 업적을 남긴 위인들은 아직도 많은 사람에게 존경받고 있어요. 그런 이유 때문인지 위인에 대해 지나치게 높이는 경우가 많아요. 세종대왕 역시 큰 업적을 남겨서 형식이는 당연히 높여야 한다고 생각했을 거예요. 하지만 위인은 높이지 않아요.

'대왕'은 '훌륭하고 뛰어난 임금을 높여 이르는 말'이에요. 이미 '세종대왕' 안에 높임의 의미가 들어 있어요. 따라서 '님'을 붙이지 않아도 돼요. '창제하셨습니다', '발명하셨습니다'는 '-시-'를 사용할 수도 있지만, 많은 사람 앞에서 발표하는 경우라면 '-시-'를 넣지 않고, '창제하였습니다', '발명하였습니다'라고 말하는 게 좋아요.

 존댓말을 잡아라!

위인을 잘못 부른 말과 제대로 부른 말을 연결하세요.

- 이순신 장군님
- 베토벤 선생님
- 광개토대왕님

- 광개토대왕
- 베토벤
- 이순신 장군

정답: 이순신 장군님 - 이순신 장군 / 베토벤 선생님 - 베토벤 / 광개토대왕님 - 광개토대왕

5 교장선생님실은 2층에 있어요

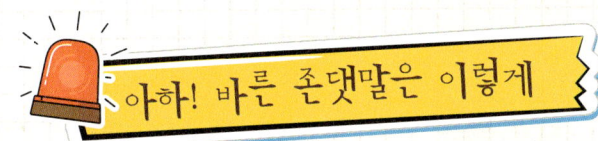

아하! 바른 존댓말은 이렇게

학교를 처음 찾은 어른이 형식이에게 교장 선생님이 계신 곳을 묻고 있네요. 다행히도 형식이가 정확히 알고 있나 봐요. 하지만 뭔가 좀 이상하지 않나요? '교장 선생님실'이란 곳은 없는데 말이에요.

간혹 우리는 교장 선생님실, 사장님실, 회장님실처럼 '-님'과 '실'을 붙여 이야기할 때가 있어요. 교장 선생님을 높이기 위해, 사장님과 회장님을 높이기 위해 이런 말을 사용하는 거예요.

하지만 이는 잘못된 표현이에요. 높임의 뜻을 나타내는 '-님'은 선생님이나 사장님처럼 이름이나 직함 뒤에 붙여서 상대를 높여 주는 말이에요. 그런데 '교장 선생님실'은 교장 선생님이 아니라 그의 방을 가리키는 말이에요. 방에 높임을 할 필요는 없으므로 올바른 존댓말이라고 할 수 없어요. 이때는 교장실 또는 교장 집무실이라고 하면 된답니다.

아, 교장실은 2층에 있습니다.

이럴 때 사용해요!

우편물을 보내면서 이름 뒤에 '님'을 적었을 때는 '귀하'를 쓰지 않고 'ㅇㅇㅇ 님(께)'이라고 쓰고, '귀하'를 쓸 때는 'ㅇㅇㅇ 귀하'와 같이 이름 뒤에 '귀하'만 써요.

정희재 님께 / 장준영 님 / 공다영 귀하

존댓말로 칭찬받아요!

존댓말은 웃어른을 존경하는 마음을 담아 상대방을 높여서 하는 말이에요. 하지만 또래나 아랫사람을 처음 만나거나 여러 사람 앞에서 발표할 때도 예의를 갖추기 위해 존댓말을 사용해요.

❶단계 존댓말을 써야 할 대상인지 보고, 어른이 둘 이상일 때는 누가 더 윗사람인지 확인한다.

❷단계 여러 가지 방법을 이용해 높임말로 바꾼다.
  ❶ '-습니다'로 끝내기
  ❷ '께'나 '께서' 붙이기
  ❸ '-시-' 넣기
  ❹ 예사말을 높임말로 바꾸기

❸단계 '-시-'가 반복되지 않았는지, 아랫사람과 윗사람이 바뀌지 않았는지 다시 확인한다. 사물이나 직접 대화하는 상대가 아니면 존댓말을 쓰지 않는다.

꼭 알아 두어야 할 높임말

예사말	→	높임말	예사말	→	높임말
가다	→	가시다	씀, -가	→	올림
나	→	저	아들	→	아드님
나이	→	연세, 춘추	아빠	→	아버지(아버님)
데리다	→	모시다	아프다	→	편찮으시다
되다	→	되시다	안녕	→	안녕하세요
딸	→	따님, 영애	엄마	→	어머니(어머님)
많다	→	많으시다	에게	→	께
말	→	말씀	오다	→	오시다
먹다	→	들다, 잡수다	우리	→	저희
멀다	→	머시다	울다	→	우시다
묻다	→	여쭙다	응	→	네
미안하다	→	죄송하다	이	→	치아
밥	→	진지	이름	→	성함, 존함
병	→	병환, 환후	있다	→	계시다
보다	→	뵈다(뵙다)	자다	→	주무시다
본사	→	귀사	주다	→	드리다, 올리다
사람	→	분	죽다	→	돌아가시다
사장	→	사장님	집	→	댁
생일	→	생신	크다	→	크시다
선생	→	선생님	하다	→	하시다
성질	→	성품	학교	→	귀교
숟가락	→	수저	할머니	→	할머님
술	→	약주	할아버지	→	할아버님
쓰다	→	쓰시다	형	→	형님

정답

72, 73쪽

숨겨진 인사말을 찾아라

✏️ 퍼즐에서 어른에게 할 수 있는 올바른 인사말을 찾아 색연필로 색칠해 보세요.

수	내	일	뵙	겠	습	니	다
고	생	하	셨	습	니	다	안
하	맙	안	녕	히	끊	녀	녕
세	방	습	미	정	을	오	히
요	송	구	니	말	게	세	계
감	사	합	니	다	요	요	세
미	안	오	랜	만	이	에	요
봬	요	죄	송	합	니	다	봬

어떻게 인사할까?

✏️ 그림을 보고 보기에서 상황에 맞는 인사말을 찾아 써 보세요.

보기: 안녕히 다녀오세요 다녀왔습니다 미안해요
      고맙습니다 안녕히 가세요 죄송합니다

고마운 마음을 표현할 때

고맙습니다

잘못한 일을 사과할 때

죄송합니다

어른이 외출할 때

안녕히 다녀오세요

외출 후 들어왔을 때

다녀왔습니다

86쪽

바르게 고쳐라

✏️ 잘못된 높임말을 바르게 고쳐 쓰세요.

 →
선생님께서는 언제 오시지?

 →
할아버지도 드세요.

 →
어! 내가 아는 아저씨.

116, 117쪽

누가 누가 높을까?

✏️ 다음 중 높여서 말해야 하는 사람을 찾아 빈자리에 써 주세요.

✏️ 두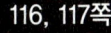

- 할머니, 많이 [아파? → 편찮으세요?]
- 이제 안 아파. 우리 솔지, 할미 [보고 싶었어 → 뵙고 싶었어요.]
- 네, 할머니 빨리 나아서 집으로 [가자 → 가세요.]
- [내가 → 제가] 할머니 좋아하시는 붕어빵 [사 줄게 → 사 드릴게요.]
- 우리 솔지가 사 주는 붕어빵 [먹으러 → 드시러] 빨리 집에 가야겠구나.

존댓말 사용 설명서

초판 2쇄 2016년 5월 20일
초판 1쇄 2015년 12월 21일

글 채화영
그림 서정임

펴낸이 정태선
기획·편집 안경란·정애영
디자인 한민혜
마케팅 김민경

펴낸곳 파란정원 | **출판등록** 제395-2010-000070호
주소 서울시 서대문구 모래내로 464 2층(홍제동)
전화 02-6925-1628 | **팩스** 02-723-1629
홈페이지 www.bluegarden.kr | **전자우편** eatingbooks@naver.com
종이 세종페이퍼 | **인쇄** 조일문화 | **제본** 경문제책사

ISBN 979-11-5868-062-6 73710

이 책은 저작권법에 따라 보호받는 저작물이므로 무단 전재와 무단 복제를 금지하며,
이 책 내용의 전부 또는 일부를 이용하려면 반드시 저작권자와 파란정원의 동의를 얻어야 합니다.
*잘못된 책은 구입하신 서점에서 바꿔 드립니다.